裁判員制度が始まる PART 3

裁判員制度と報道

公正な裁判と報道の自由

共同通信記者
土屋美明
Yoshiaki Tsuchiya

花伝社

裁判員制度と報道――公正な裁判と報道の自由◆目次

第1章　国民参加と報道

第2章　報道の自由とメディア規制

第3章　メディアの自主ルール

第4章　司法関係の報道

第5章　裁判員制度の実施

はじめに

新聞、放送、雑誌、出版などのマス・メディア（以下「メディア」と表記）はかつて、裁判官、検察官、弁護士ら法曹関係者に公正な裁判の実現を求める立場だった。警察に逮捕されても無実を訴え続ける被疑者（報道の表記では「容疑者」）、起訴されたが公訴事実を否認する被告人（報道の表記は「被告」）、冤罪を訴え、やり直しの再審裁判を求める元被告人らを応援してきたのがメディアだった。犯罪被害者とともに泣き、報道を通じて社会正義を実現することを使命と考え、記者たちは記事を書き、映像を撮影し、音声を録音した。一九八〇年代には、免田事件など死刑囚の四大再審事件が相次いで無罪になるなどし、裁判だけでなく、捜査も含めた刑事司法全体の見直しを求める声が高まったが、それを後押ししたのもメディアだった。

しかし今は、市民の心も、法曹関係者の心も、いつのまにか離れていっているようだ。味方だったはずの市民から名誉棄損、プライバシー侵害などを理由とした裁判が起こされ、かつては法的権利の擁護を主張してきたメディアが、逆に被告の立場に立たされる事態が急増した。最近では「報道被害」という言葉さえ生まれ、法曹関係者からは、「公正な裁判」を実現するため、事件・事故・裁判の報道を見直すよう迫られる事態にまでなってしまった。いつから社会的信頼が揺らいでしまったのだろうか。

重大事件の刑事裁判に国民が参加する「裁判員制度」の導入をめぐる議論でも、法律家側から報道への不信感が示された。しかし、国民参加の下で「公正な裁判」が行われるよう願う思いは、メディアにとっても共通している。そのために、自らをどのように変え、広く市民の支持を得ていくべきか。いまこそ、自ら理想と考える姿を積極的に市民に示し、その理解と共感を得て、厚い信頼を確保しなければならない。

これまで、メディアに関して法学者は憲法あるいはメディア法などといった専門分野の視角から論じ、また法曹関係者は訴訟手続をはじめとする実務の側面から論じていくきらいがあった（本書引用文献の著者の肩書きは当時を原則とする）。メディア側から見ると、憲法第二一条が保障する「表現の自由」の現実について理解が十分でない感がぬぐえない。しかし、では、法律専門家から指摘される諸問題にメディア側が十分に対応してきたかというと、それも覚束ない。「報道の自由」と「公正な裁判」をどのように考えるかという問題は、メディアと法律家との間に横たわるエア・ポケットの中にすっぽりと落ち込んでしまっている。特に、刑事司法に及ぼす報道の影響については、日本が国民参加の裁判を実施していなかったこともあり、明確な意識の下での論議が行われなかったようだ。このテーマに正面から取り組み、何らかの提言をしようと試みた類書は、残念ながらほとんどない。本書の分析、提言がこのような問題意識を消化できたかどうか自信はないが、少なくともメディア側の視点から透き間を埋める役割は、ささやかながら果たせるのではないかと思う。

筆者は、政府の司法制度改革推進本部内に設けられた「裁判員制度・刑事検討会」と「公的弁護制度検討会」の委員を務め、裁判員制度の設計に関与した。裁判員法の立法過程で提案された罰則付きのメディア規制が何を狙いとし、どのような議論がされたのかは、きちんと総括しておかなければならない。各界の共通認識をつくっておかないと、大きな誤解の元になる。

裁判員制度のスタートを契機として、事件・事故・裁判の報道は、その在り方を根本から見直さなければならないところにきている。本書は市民のための報道という立場に立ち、メディアと「表現の自由」、とりわけ「報道の自由」の在るべき姿を提示しようと試みた。非力を承知でまとめたが、この問題に関心を持つ多くの市民の方々の参考にしていただけたらうれしいことだ。

二〇〇九年　春

土屋美明

第1章　国民参加と報道

裁判員が裁判官と判決内容などを検討する評議室 =2008 年 10 月、前橋地裁

第1節　裁判員制度

第1．裁判員制度の概要

くじで選ばれた国民が「裁判員」として重大事件の刑事裁判に参加する「裁判員制度」が二〇〇九年五月二一日に始まるのに備え、裁判員候補者の名簿づくりが二〇〇八年七月からスタート、事実上、国民参加の刑事裁判が実施に向けて動きだした。二〇〇四年のこの日、「裁判員の参加する刑事裁判に関する法律（平成一六年法律第六三号）」（裁判員法）が成立、五月二八日に公布されたが、施行まで五年の準備期間が置かれた。

裁判員法は、制度の趣旨について「国民の中から選任された裁判員が裁判官と共に刑事訴訟手続に関与することが司法に対する国民の理解の増進とその信頼の向上に資する」（第一条）と述べている。公訴事実に対する被告人の認否如何を問わずに実施され、被告人が裁判員の関与する裁判体の裁判を辞退することは認められない。この制度に対しては、刑事司法の現状を「改革する契機になるのではないかという期待が大きい反面、捜査や証拠開示などの改革が不十分であることから、その成果を危惧する声も小さくない」（白取祐司『刑事訴訟法第四版』［日本評論社、二〇〇七年］六〇頁）とする指摘がある。制度の概要は以下の通りだ。

裁判員の参加する刑事裁判（裁判員裁判）を実施するのは第一審の地方裁判所に限られ（裁判員法第二条）、高等裁判所、最高裁判所は従来と同じ裁判官だけの裁判になる。裁判員裁判を行うのは全国の都道府県庁所在地と北海道の釧路、旭川、函館にある五〇の地裁本庁のほか、その主な支部である郡山（福島県）、八王子（東京都）、小田原（神奈川県）、沼津（静岡県）、浜松（静岡県）、松本（長野県）、岡崎（愛知県）、堺（大阪府）、姫路（兵庫県)、小倉(福岡県)の一〇カ所だけとされている(裁判員規則第二条)。

裁判員が参加する合議体は「裁判官の員数は三人、裁判員の員数は六人とし、裁判官のうち一人を裁判長とする」(裁判員法第二条)。この九人の合議体は「原則的合議体」あるいは「大合議体」と呼ばれる。ただし、被告人が公訴事実を認めていて、検察官、被告人、弁護人に異議がなく、かつ、裁判官が事件の性質等を考慮して適当と認めるときは、「裁判官一人及び裁判員四人」の法廷で取り扱ってもよい(第二条)。この合議体は「例外的合議体」あるいは「小合議体」と呼ばれている。裁判員が急病になったときなどに備えて、地裁は交代要員の補充裁判員を置くことができ、補充裁判員も審理に立ち会う。補充裁判員の人数は裁判員の数を超えてはいけない(第一〇条)。

裁判員が参加するのは①死刑又は無期の懲役若しくは禁錮に当たる罪に係る事件②裁判所法第二六条第二項第二号に掲げる事件(三人の裁判官で裁判する法定合議事件)のうち、故意の犯罪行為により被害者を死亡させた罪に係る事件――に限定される(裁判員法第二条)。これらの事件は「裁判員事件」と呼ばれる。いずれも国民の関心が高く、しかも、一般国民が関与しやすい事件が対象とされている。

公務員の贈収賄、選挙違反などは対象にならない。対象事件であっても、裁判員とその家族らに危害が及ぶ危険性の高い事件などは、検察官、被告人・弁護人の請求によるか裁判官の職権で、裁判官だけの合議体が取り扱う決定をしなければならないとされている(裁判員法第三条)。除外されるのはテロ行為、暴力団やマフィアによる組織犯罪などが想定される。

裁判員は衆議院議員選挙の選挙権を有する者(裁判員法第一三条)の中からくじで選ばれる(裁判員法第二一条など)。一般国民の健全な社会常識を反映させるという制度の趣旨から、法律専門家は除かれる。また、憲法が原則とする三権分立を貫くため、立法権と行政権に直接関与する国会議員、高級官僚らも外された（裁判員法第一五条）。裁判員は「独立してその職権を行う」（裁判員法第八条）。裁判官とともに審理に臨み、事実認定や法令の適用、刑の量定に裁判官と同等の権限で関与する。しかし、訴訟手続に関する判断や法律解釈上の問題（自白の任意性・証拠能力の有無、検察官調書の証拠能力の有無など）は裁判官だけが判断権を持つ（裁判員法第六条）。

裁判員法では、裁判員を辞退できる場合として、七〇歳以上の人、学生・生徒、重い病気やけががある人、親族の介護・養育を行う必要がある人、従事する事業に著しい損害が生じるおそれがある人などのほか、「政令で定めるやむを得ない事由」がある場合も辞退が認められるとした（裁判員法第一六条）。政令では「身体上、精神上又は経済上の重大な不利益が生ずると認めるに足りる相当の理由」がある場合などに、辞退を認めることとした（平成二〇年一月一七日公布、政令第三号）。

裁判員は公判期日に出頭して宣誓し、評議で意見を述べる義務がある（裁判員法第六六条など）。また、①法令に従い公平誠実にその職務を行う②裁判官、裁判員の意見をはじめとする「評議の秘密」その他職務上知り得た秘密を漏らしてはならない（守秘義務）③裁判の公正さに対する信頼を損なうおそれのある行為はしてはならない④品位を害するような行為をしてはならない――と定められている（裁判員法第九条）。これらの義務に違反すると、裁判所は検察官、被告人、弁護人からの請求か職権によって、その裁判員の解任を決定する（裁判員法第四一条など）。

裁判員らを保護し、安心して裁判に専念してもらうため、保護規定が設けられた。裁判員法第一〇〇条は、労働者が裁判員の職務をするために休暇を取得したことなどを理由として、解雇など「不利益な取扱い」をしてはならないと定めている。裁判員、補充裁判員、裁判員候補者の氏名、住所など個人を特定できる情報は公にしてはいけない（裁判員法第一〇一条）。何人も裁判員、補充裁判員に接触してはならないし、裁判員、補充裁判員が職務上知り得た秘密について知る目的で接触してもいけない（裁判員法第一〇二条）。面会、文書送付、電話などで裁判員、補充裁判員やその親族を威迫した場合は処罰される（裁判員法第一〇七条）。また、裁判に影響を及ぼす目的で裁判員に事実認定、刑の量定などについて意見を述べたり、情報を提供したりしても、処罰がある（裁判員法第一〇六条）。

第2．陪審制度と参審制度

（1）陪審制度

国民が刑事裁判の手続きに参加する制度を行っている国々の刑事裁判の仕組みを大きく分けると、アメリカなど米大陸の諸国やイギリス、オーストラリア、ニュージーランド、カナダなどの英連邦諸国などで行われている「陪審制度」と、ドイツ、フランス、スウェーデン、デンマーク、イタリアなどヨーロッパ諸国を中心に行われている「参審制度」がある。

やや類型的に言うと、陪審制度は、一般の国民から選ばれた陪審員が証拠に基づいて被告人が有罪か無罪について判断し評決する仕組みであり、有罪のときは裁判官がどのくらいの刑を科すか（量刑）を決める場合が多い。多数の市民が多様な観点から慎重に事実認定を行うため、誤った裁判（誤判）の防止に役立つこと、公判中心になり活気ある審判が実現すること、市民感覚を反映でき、司法における民主主義が実現することなどが、長所として挙げられる。その一方、市民は感情に流されやすく、誤った判断を招く危険性が大きいこと、緻密で正確な事実認定をするには、専門家として訓練された裁判官の方が優れていることなど、短所も指摘されている。英米法・

憲法の伊藤正己・東京大学教授は著書『アメリカ法入門』でアメリカの陪審制度を支えている基本理念について「人間平等の思想」を指摘している。「民主的思考方式のもとに、あらゆる国家の権力作用に、人が平等に干与していく権利を持ち、義務を負うことが主張された。司法作用もまた他の国家作用と、この点で区別されなかった」。伊藤教授は、こう指摘し、陪審制度が「政治的権力の恣意に対して民衆を護るものであるという意識の強さがあげられてよい。そして、いろいろの欠陥はあるにしても、民衆自身の判決として納得してゆこうという態度がとられている」と述べている（伊藤正己『アメリカ法入門』〔日本評論社、一九六一年〕一二二頁）。

（2）参審制度

これに対して参審制度は、国民から選ばれた任期制の「参審員」と裁判官が一緒に審理をし、有罪か無罪かの判断も、量刑の判断も行う点に違いがある。スウェーデンなどスカンジナビア諸国では一〇〇〇年以上前から、裁判官と市民が一緒に犯罪者を裁く制度が行われているが、ドイツ、フランスなどのヨーロッパ諸国では、市民革命の影響で陪審制度を導入した後、それを修正する過程を経て実施された経緯がある。国によっては、陪審制度を廃止して参審制度に切り替えたり、両方を併用したり、それぞれの国が自分の国にふさわしい制度づくりをしている。参審制度は国民と裁判官が協力して作業をするので陪審裁判の短所は克服しやすいものの、参審員は裁判官に引きずられやすく、陪審制度よりも、官僚裁判官による裁判により近い制度になりがちな傾向があるともいわれる。

第3．憲法と国民参加

（1）違憲論と合憲論

裁判員制度には憲法上の問題が多くあり、日本国憲法に違反するとの見解がある（高山俊吉『裁判員制度はいらない』［講談社、二〇〇六年］、西野喜一『裁判員制度批判』［西神田編集室、二〇〇八年］など参照）。指摘されている主な点を私なりにまとめると、以下のようになるだろう。

① 憲法上の規定の不存在

裁判員制度は裁判員と裁判官が一緒に審理をし、判決も一緒に言い渡すなど、参審制度の一種だが、憲法には参審制度に関する条文がない。これは裁判を裁判官にのみ取り扱わせ、裁判員制度を許容しないという意味ではないか。

② 憲法第三七条一項（公平な裁判所）違反

第三七条一項は「すべて刑事事件においては、被告人は、公平な裁判所の迅速な公開裁判を受ける権利を有する」と定めている。裁判官以外の者が加わった審理は、簡素で短時間の、要するに粗雑な審理になることが予想されているが、それは第三七条のいう「公平な裁判所」とはいえない。

③ 憲法第七六条一項（司法権）違反

第七六条一項は「すべて司法権は、最高裁判所及び法律の定めるところにより設置する下級裁判所に属する」としている。しかし第七六条以下では裁判官についてのみ規定があって、裁判員が加わる裁判所は憲法が想定していない。

④ 憲法第一八条（奴隷的拘束と苦役からの自由）違反

第一八条は「犯罪に因る処罰の場合を除いては、その意に反する苦役に服させられない」と定めているが、裁判員の大きな負担は「その意に反する苦役」にほかならない。

これに対して合憲論は、旧憲法（大日本帝国憲法）第二四条「裁判官ノ裁判ヲ受クルノ権」を現行憲法（日本国憲法）では「裁判所において裁判を受ける権利」とし、「裁判官」から「裁判所」へと改めた経緯があることを指摘し、国民が加わって構成される「裁判所」も憲法上、明確に許されるとしている（土井真一「日本国憲法と国民の司法参加」［岩波講座『憲法 4』岩波書店、二〇〇七年］所収など参照）。

裁判員制度の合憲性についての主張を要約してみよう。

① 憲法規定の不存在

ドイツの憲法に相当する基本法も、フランス第五共和制憲法も国民の司法参加を明記していない。憲法に書かなければならない事項と解する必然性はない。

② 憲法第三七条

裁判官の身分保障で問題とされる公平さは、外部からの干渉が裁判所構成員の判断に影響を及ぼすことを防止する点に関わる。この意味の公平さは、裁判員を選ぶ際の就職禁止事由や不適格事由を適切に定め、裁判員に対する不当な働き掛けを禁ずるとともに、裁判官が適切に訴訟を進行することなどによって、制度上、おおむね確保される。

③ 憲法第七六条一項

下級裁判所についても裁判官がその本質的構成員である限り、裁判官以外の者が構成員になることも容認される。

④ 憲法第一八条

国民の司法参加実現のために国民に負担が課されることは憲法の予定するところであって、その負担が必要かつ合理的な範囲に留まる限り、憲法第一八条に違反しない。

陪審裁判についての憲法学者の通説は「裁判官が陪審の評決に拘束されない限りにおいて合憲」としている。しかし、これは「陪審が司法権の帰属する裁判所の構成要素とはなりえないとの根拠の不確かな前提に基づく」と指摘し、「陪審裁判は（憲法が禁止した）特別裁判所による裁判とはいえず、憲法に違背するものとはいえない」とする見解もある（長谷部恭男『憲法　第3版』［新世社、二〇〇四年］四一五頁など参照）。

筆者は国民の司法参加は憲法でも許されていると考える。憲法制定過程での論議、憲法条文の書きぶりなどから、少なくとも憲法が、裁判は裁判官だけが行うものと極めて限定的に定めているとは考えにくい。

（2）国民参加の意義

国民が司法に参加する意味は、主として三つある。第一は、国民の間に国の主権者としての意識が育っていくことだ。日本国憲法で「主権が国民に存する」（前文）と明記されていても、国民は立法、行政、司法という国家の三権のうち、司法の分野にだけは本格的に参加をしていなかった。立法の分野では選挙権、被選挙権があり、また、行政の分野では地方自治体首長のリコール権が認められるなどしているのに、司法の関係は地裁の調停委員など補助的役割しかなかった。しかし、裁判員制度は、司法権の中枢である裁判に参加するのだから、これで初めて主権者の役割が十全に果たされることになる。

ただ、裁判員制度は参加の規模が小さい。主権者意識を言うのは早計な感もあるが、小規模ではあっても、その対象は社会的影響の大きな重大事件なのだから、定着すれば、その効果は大きい。真の意味での主権者が誕生し、やがては民主的な社会づくりへと広がっていくことだろう。

第二に、自ら犯罪を裁くという、かつてない体験をすることにより、国民の法的な意識が高まることが期待できる。国民の一人一人が真剣に法の適用を考えることは、明確には意識しなくても「法の支配」という理念を社会に広く、深く、定着させていく。犯罪者という社会のルール違反者にどう対処すべきかを真剣に考える中で、このような犯罪をどうしたら防げるのか、模索も行われる。現行法を理想的なものへと変えていこうとする力が生み出されてくるだろう。

第三は、これまでプロの法曹によって動かされてきた司法に国民の常識、感覚が生かされ、司法が国民に身近な存在に変わることだ。司法は国民というパートナーを得ることにより、これまでの「お上」による裁定という高みから、国民と共通の土俵に降りてこざるを得ない。市民社会の意識から遊離しがちだった弊害が克服され、司法は国民的な基盤の確立という新たな「正統性」を獲得できることになるだろう。

第4．国民の受け止め方

(1) 参加の意欲

裁判員候補者に選ばれた人へ、翌年一年間、地裁が使う名簿に記載されたことを知らせる通知が二〇〇八年一一月二八日、最高裁から送られた。実際に裁判員へ選ばれる可能性が現実化したことで、国民の受け止め方には、従来にはなかった真剣さが見られるようだ。

メディア各社が行っている世論調査によると、裁判員制度の実施まであと一年に迫った時点での国民の理解度はそれほど高くなく、また、積極的な参加意欲も低かった。共同通信社と加盟新聞社で組織する「日本世論調査会」が二〇〇八年三月、全国で実施した面接世論調査によると、裁判員制度を「よく知っている」と「ある程度知っている」と答えた人は、二〇〇六年の前回調査とほぼ同じ計五四％だった。制度を評価しない人は五〇％おり、評価する人を六ポイント上回った。裁判員を「務めたいとは思わない」と答えた人は三七％、「あまり務めたいと思わない」は三五％で、裁判員を務めたくないと考えている〝消極派〟は、合わせて七二％に上った。これに対し「多少務めたいと思う」は一四％、「務めたいと思う」は一二％だった。裁判員を務める場合に心配なこと（複数回答）を尋ねると、「重要な判断をする自信がない」が五八％、「殺人など悲惨な事件の審理にかかわる」が三四％、「仕事に影響が出る」が三〇％だった。

この制度への国民の理解はまだ十分ではない。心理的な抵抗感を克服していけるような新しい刑事裁判の仕組みが構築できるかなど、司法関係者に課せられた課題も多いと言わなければならない。

（２）報道の影響

日本世論調査会の調査結果によると、「事件の報道が裁判員にどの程度影響を与えると思いますか」という質問に、「大いに影響を与える」と答えた人は五二・五％、「少しは影響を与える」と答えた人が三七・八％と、合わせて九〇％を超えた。大変高い数字であり、メディアが事件・事故・裁判の報道に細かく神経を遣っていかなければならない社会状況があると考えさせられる。

「過度に先入観を与える報道」（複数回答）として何があるか聞くと、「テレビのワイドショー・情報番組」を挙げた人が最多で五九・九％、その次が「テレビ・ラジオのニュース番組」の四九・九％、「一般新聞の記事」の四三・二％という順だった。法廷に出された証拠だけに基づいて、被告人が有罪か無罪かを判断しなければならない裁判員にとって、報道の現状は看過できない問題を投げ掛けているといえるだろう。

国民参加が期待通りの成果を収めることができるかどうかに、メディアは大きな関わりを持たざるを得ない。従来通りの報道を続けていていいのだろうか。それを考えていく前に、現在のメディアが抱えている法的な諸問題について概観しておきたい。今後の在るべき取材・報道の姿を論じる上で、法的に問題とされる論点と、それに対処しているメディア側の制度的な枠組みについて、まず、知っておいてほしいからだ。

第2節　メディアと法

第1．表現の自由

(1) 精神的自由権

日本国憲法は第一一条で「国民は、すべての基本的人権の享有を妨げられない」と定めている。さまざまな個別的人権があるが、それらを、自由権、参政権、社会権の三つに分類するのが一般的だ。

自由権は、国家が個人の領域へ権力的に介入することを排除して、個人の自由な意思決定と活動とを保障する人権であり、その内容は「精神的自由権」「経済的自由権」「人身（身体）の自由」に分けられる。このうち精神的自由権は、内面的な精神活動の自由（思想の自由、信仰の自由、学問研究の自由）と外面的な精神活動の自由（宗教的行為の自由、研究発表の自由、表現の自由）の二つに分けて考えるのが、人権の限界を明らかにするという観点からは分かりやすいとされる（芦部信喜『憲法』〔岩波書店、一九九三年〕七五頁）。

参政権は国民が国政に参加する権利であり、選挙権、被選挙権が代表的だ。社会権は、資本主義の高度化に伴って顕在化した失業、貧困などによる社会的・経済的弱者を守るために保障されるようになった人権であり、弱者が人間らしい生活ができるよう、国家の積極的な配慮を求めることができる。ただし、憲法の規定だけを根拠として権利の実現を裁判所に請求することのできる具体的権利ではないとされている。

メディアにとって、とりわけ重要な権利は精神的自由権であり、思想・情報を発表し伝達する「表現の自由」が、その中核となる。憲法第二一条一項は「集会、結社及び言論、出版その他一切の表現の自由は、これを保障する」と宣言している。現代社会では、意思伝達の手段として印刷物、放送、映画、演劇、音楽、絵画、彫刻、ＣＤ、ＤＶＤ、インターネットの掲示板、ブログなどさまざまな表現媒体があるが、表現の自由の保障は、すべての表現媒体による表現に及ぶ。デモ行進などの集団行動の自由、広告をはじめとする営利的言論なども、表現の自由の保護に値すると考えられている。表現の自由を支える価値観としては①個人が言論活動を通じて自己の人格を発展させるという個人的な価値（自己実現の価値）②言論活動によって国民が政治的意思決定に関与するという民主制に資する社会的な価値（自己統治の価値）――の二つが提示されることが多く、従来、これら二つの価値が相対立することがあるとは、あまり考えられてこなかったようだ。

憲法第二一条二項は「検閲は、これをしてはならない。通信の秘密は、これを侵してはならない」と定め、公権力の行使に制約をかけた。公職の候補者に対する名誉侵害を理由に雑誌の発行を差し止める仮処分が認められるかどうかが争われた、いわゆる「北方ジャーナル」の事件で、最高裁は一九八六年六月一一日、表現行為の事前抑制について「検閲を禁止する憲法第二一条の趣旨に照らし、厳格かつ明確な要件のもとにおいてのみ許容されうる」とする判決を言い渡した。表現の自由は常に、公権力との緊張関係の下にある。

（２）表現の自由の根拠

１．知る権利

憲法学者の芦部信喜・東京大学教授は、情報化の進んだ現代では、表現の自由は、従来のように送り手側の自由として構成するだけではなく、受け手である国民の「知る権利」の観点から再構成しなければならないと指摘している（芦部信喜『憲法』一四〇頁以下）。知る権利は、政治に参加する市民が十分な情報の提供を受ける権利といってよい。人が自己の意見を形成するには、情報を自由に獲得できるようになっていなければならないから、情報を保持する主体に対して情報の開示、提供を請求することができなければならない。政府への情報公開を要求する権利の性格を持つのが大きな特徴だ。

知る権利の視点から考えると、表現の自由が保障されるにしても、それが個人か、メディアかで、保障の在り方は違ってくるというのが、最近の考え方だ。長谷部恭男・東京大学教授は、メディアが表現の自由を享有する根拠は「表現活動が、国民の知る権利に奉仕し、その帰結として民主的政治過程の維持や受け手となる個人の自律的な生を支える基本的情報の提供など、社会全体の利益を実現することにある」と指摘し、メディアは個人ではない以上、「自分の生き方を自ら考え、決定する個人と同様の意味における表現の自由を享有しない」と言い切る（長谷部恭男『憲法　第3版』二一七頁以下）。

長谷部教授によると、ここから次の帰結が導かれる。一つは、「マス・メディアの表現の自由が、社会全体の情報の受け手の利益を根拠としていることから、報道や取材などの活動において個人には認められない特権をマス・メディアに認める可能性」だ。この考え方を推し進めていくと、受け手の利益になるメディアの特権は認めるが、利益にならない特権は認めないということになるのだろう。

このような特権の一例として、法廷内でのメモを一般人には禁止していながら、報道機関には許可していた扱いが憲法第二一条などに違反するかどうかが問われた、いわゆる法廷メモ訴訟（レペタ事件）判決がある。この訴訟の上告審判決で最高裁は一九八九年三月八日、「民主主義社会における思想及び情報の自由な伝達、交流の確保という基本原理を真に実効あるもの」とするため、メモは「傍聴人の自由にまかせるべき」だと指摘したが、報道機関だけにメモを認めるのも「裁判の報道の重要性に照らせば当然であり、報道の公共性、ひいては報道のための取材の自由に対する配慮」の観点から合理的な措置であるとした。上告したアメリカ人弁護士は敗訴したが、内容的には勝訴であり、その後、最高裁事務総局の通達で傍聴人のメモは認められるようになった。亡くなった矢口洪一・元最高裁長官を別の件で取材した際、この判決に話が及び、「外国人から指摘されるまで変えることも考えないなんて、君たち日本のマスコミは怠慢だ」と強く叱られた思い出がある。特権を認められる場合があるにしても、その上に胡座をかいていたのでは恥かしい。

長谷部教授によると、もう一つの帰結は、「もともと社会全体の利益を保障根拠とする以上、同じ社会全体の利益がマス・メディアの自由の制約を要求する場合には、放送事業者に対する広範な規制のように、個人に対しては認められないような特別な制約を加える余地も生じる」ことだ。知る権利を主張するのは、メディアを特別に配慮される高い立場に導くとは限らず、かえって「特別な制約」を招くかもしれないことを厳しく認識しておく必要がある。

戦後しばらくの時代、メディアにとっては、検閲や事前抑制をはじめとする国家権力との対峙こそが主な関心事だった。公安条例訴訟など多くの場面で、表現の自由を盾に国民側に寄り添いながら、国側を批判してきた。主権者であるはずの国民に権力を監視する力が弱く、それがメディアの役割を肥大させてきた面がある。

毎日新聞社の西山太吉記者が、沖縄返還交渉には核の持ち込み、日本側の巨額な負担などさまざまな密約の存在があったことを暴いた、いわゆる「外務省秘密電文漏洩事件」は、その象徴的な例だった。最高裁は一九七八年五月三一日の決定で「報道機関が取材の目的で公務員に対し秘密を漏示するようにそそのかしたからといって、そのことだけで、直ちに当該行為の違法性が推定されると解するのは相当でな」いと一般論を述べながら、この件では「手段・方法において法秩序全体の精神に照らし社会通念上、到底是認することができない」と述べ、「正当な取材活動の範囲を逸脱している」とした。しかし、外交上の密約という国民にとって極めて重大な影響をもたらす事実の暴露が、「正当な取材活動」という、より小さな法益の侵害を理由に有罪とされたことには疑念を抱かざるを得ない。取材の手段・方法が好ましくないとしても、それをはるかに上回る利益を国民にもたらす報道は、刑事処罰を避けるべきではないか。権力の監視こそがメディアの存在意義の一つであり、果たすべき社会的責任でもあるからだ（西山太吉『沖縄密約』［岩波新書、二〇〇七年］参照）。

刑事法学者の田宮裕・立教大学教授は「外務省機密漏洩事件の刑事訴追」と題する論文で、ニクソン政権を揺るがせたウォーターゲート事件では「防諜法という日本よりもずっときびしい法律があるにもかかわらず、記者は逮捕も訴追もされていない」と指摘し、報道の問題を「刑事事件にして決着をつけようという風潮」を批判した。田宮教授は「刑事事件にすると、えてしてほんとうに問題とすべき点がかくされてしまい、論点のスリカエがおこなわれる」「捜査を含んだ刑事手続は……恐怖政治の常套手段であったことからもわかるように、体制側にはまことにつごうのよい効果的な統制手段であるが、それだけに個人の自由な活動を萎縮させ、人権のためには問題をはらんでいる」と述べた（ジュリスト五〇七号『知る権利と報道の自由』［有斐閣、一九七二年］四四頁）。今日でもなお、さまざまなケースで妥当する指摘だと思う。

2．アクセス権

メディアにとって、国家権力との緊張関係という問題にとどまらず、「情報の受け手である一般国民」という新たな権利者とどう向き合うか、新たな厳しい課題が生まれている。「知る権利」と関係して「アクセス（access）権」が主張されるようになった。アクセス権は情報主体へ接近する権利をいい、政府情報へのアクセス権は情報公開請求権を意味することになって、この場合は、知る権利と同じになる。多くの場合、アクセス権は、知る権利とは区別して、情報の受け手である一般国民が、送り手のメディアに意見広告、反論記事の掲載や、紙面・番組作りへの参加、編集参加などを要求する権利として使われている。

しかし、私企業であるメディアへの権利を憲法第二一条から直接導き出すことは難しい。自由民主党がサンケイ新聞に掲載した意見広告が共産党への誹謗・中傷に当たるとして、共産党が同じスペースの反論文を無料で掲載するよう求めた、いわゆる「サンケイ新聞事件」で、最高裁は一九八七年四月二四日、反論権の制度は「具体的な成文法がないのに（中略）たやすく認めることはできない」と説き、訴えを退けている。

（3）言論の自由

憲法第二一条は集会、結社の自由とともに「言論、出版その他一切の表現の自由」を保障している。「言論の自由」は、さまざまな表現媒体を利用して意思を発表する自由を意味し、それを保障することは民主主義の理念と深いかかわりがある。自由に表明された多様な政治的意見、思想・信条の披歴があってこそ、国民が望ましい意見を選択して、多数意思を形成できるのであり、民主主義社会では言論の自由こそが最も基本的な原理といえる。言論の自由には、話す自由、書く自由といった本来の送り手側の自由だけでなく、他人の思想や意見を知る自由、聞く自由、読む自由など受け手の側の自由も含まれる。民主的な現代社会では、受け手の自由も保障することなしには、言論の自由も十分には確保されない。

ただ、言論の中には、他人のプライバシーを侵害したり、名誉を毀損したりするものがあるし、インターネットで犯罪を扇動したり、犯罪の共犯者を募ったりする行為も見られる。これらの行為やわいせつな表現、営利的表現、下品な言辞などは、言論の自由の保障対象外とすべきだという意見が、よく出される。しかし、およそ言論である限りは、どのようなものであっても、すべて第二一条の保護の対象となり得ると考えるべきだと思う。良い言論と悪い言論を区別することなど、およそ不可能だ。ただ、その保護を考える際には、言論の内容や態様などにより、保障の程度が異なってくるのも仕方がないだろう。

憲法学者の宮沢俊義・東京大学教授が一九六三年に書いた「たたかう民主制」という論文（宮沢俊義『法律学における学説』［有斐閣、一九六八年］一五一頁以下）がある。戦前のドイツで、言論、出版、集会、結社などの自由を保障した、最も民主主義的な憲法を持つワイマール共和国が、議会制度の手続を利用して合法的に政権を獲得しようとしたナチスの「合法戦術」によって乗っ取られた経緯が書かれている。宮沢教授は「民主主義を忠実に守り、自由を保障しながら、その自由を反民主主義のために利用ないし乱用する可能性はまったく封ずるということが、果たして可能なのであろうか」と「民主制のジレンマ」を指摘し、「民主制に対しては、多くの敵がある。民主制は、たえずそれらの攻撃の前にさらされている。それらに対して、民主制は、つねにみずからの存立を守るためにたたかわなくてはならない」と述べた。

言論にもいろいろなものがあり、それらへ対処するときは、同じようなジレンマに立たされることだろう。しかし、人権保障を本質とする民主制を採る限り、どのような言論でも保障するしか選択の道はない。メディアも、自らの存立を守るために、たたかっていく覚悟が必要だ。

（4）表現の自由の限界

1．公共の福祉

憲法第一二条は前段で「この憲法が国民に保障する自由及び権利は、国民の不断の努力によって、これを保持しなければならない」とした上で、後段では「国民は、これを濫用してはならないのであって、常に公共の福祉のためにこれを利用する責任を負ふ」と定めている。人権の主体が負うべき責任をうたっており、表現の自由も無制約ではない。

公共の福祉とは「人権相互のあいだの矛盾・衝突を調整する原理としての実質的公平の原理を意味する」とする見解（宮沢俊義『憲法Ⅱ』［有斐閣、一九五九年］二三〇頁）が多数説とされるが、様々な観点から批判もある。伊藤正己教授は、公共の福祉という「あいまいな基準で人権を制約する立法が合憲とされるならば、（筆者注・一七八九年のフランス）人権宣言の本旨は失われるし、さらに、人権を公共の福祉のために積極的に利用する責任を法的に強制できるとすれば、人権、特に国家からの自由を保障する自由権は崩壊し去るであろう（たとえば、新聞による言論や報道について、法が公共のための利用に限定して、これを強制すれば、新聞の自由は失われる）。これに反して、倫理的指針としての一二条を生かすように運用すること、たとえば、マス・メディアが自主的に適正な倫理規範を作成して自らその表現の自由を規律することは、憲法の趣旨にそうものと考えられる」と述べている（伊藤正己『憲法　第三版』［弘文堂、一九九五年］一九二頁）。表現の自由に関連した分野では特に、公共の福祉を理由とした安易な規制は戒めなければならない。

D・H・ロレンスの小説『チャタレイ夫人の恋人』の翻訳が刑法第一七五条の「わいせつ」に該当するかどうかが争われた「チャタレイ事件」で最高裁は一九五七年三月一三日、出版その他表現の自由は「極めて重要なものではあるが、しかしやはり公共の福祉によって制限されるもの」であり、「性的秩序を守り、最小限度の性道徳を維持することが公共の福祉の内容をなすことについては疑問の余地がない」とし、有罪の結論を導いた。しかし、例えばハード・コア・ポルノのように、問題の文書・図画などが何らかの思想・主張を伝えるものではないものであれば、このように緩やかな審査基準で「わいせつ」の判断をすることもできるだろうが、小説のような文学性が問題になる内容のものの審査は、もっと厳格な基準に基づいて行われるべきだろう。

2．二重の基準

表現の自由を規制する立法の合憲性を判断する基準として、憲法学では伝統的に「表現の自由の優越的地位」あるいは「二重の基準」と呼ばれる議論が支持されてきた。一般に、国民の代表者である国会が制定した立法は合憲性の推定を受け、それが合憲か違憲かを判断する際には、「合理性の基準」という緩やかな基準が用いられる。しかし、表現の自由を制約する立法とその他の一般的な自由、典型的には経済的自由権とでは、異なる態度で臨むべきであり、表現の自由については合憲性の推定は排除され、より厳格な審査基準が妥当するとされている。表現の自由が果たす重要な役割に着目して、手厚く保護する考え方だ。北欧のスウェーデン、デンマークなどの国々が、参審制度を基本としながらも、表現の自由にかかわる問題だけは陪審制度で裁くことにしているのも、表現の自由を重視するからにほかならない。

精神的自由権の基礎には、いかなる意見であっても国家権力の介入なしに自由に競争できる市場を設定し、この市場で多くの人に同意せしめる力を持つ意見が、少なくともその時点での最良のものであるという「思想の自由市場」の考え方がある。この考え方も、「二重の基準」説と同様、主にアメリカの判例によって発展した理論であり、多数が支持する意見に従って国政を運用していこうとする思考方法は、日本国憲法の核心である国民主権とも関係している。

表現の自由の領域では、アメリカの判例理論の輸入が目立つ。有名なのは「明白かつ現在の危険（clear and present danger）の基準」だ。この基準によると①近い将来、実質的害悪を引き起こす蓋然性が明白である②重大な害悪の発生が時間的に切迫している③当該規制手段が害悪を避けるのに必要不可欠である――という三つの条件が認められる場合に表現行為を規制できるとする。日本では下級裁判所の判決で採用された例がある。これらの理論は、表現の自由に対する制約を極めて限定的に認める姿勢の表れといえるだろう。

二〇世紀に展開された「二重の基準論」の理解は、表現の自由を重視する、メディア側にとって都合のよい面があった。しかし、一九八〇年代後半ごろから「経済的自由が精神的自由よりも内在的価値において劣るというのは『知識人』特有の偏見ではないか」「営業の自由は、自己の学説を発表しようとする大学教授にとっての表現の自由と内在的価値において異なるところはないのではないか」などと批判が浴びせられるようになった。

表現の自由を重視するからといって、財産権を軽視し過ぎて良い理屈はない。その後、構造改革が進む中、財産権の保障を現代的に手厚く再構成する論議が活発化していった。経済分野で規制撤廃の主張が重きをなすのと歩調を合わせるかのような感があった。

憲法学者の佐藤幸治・京都大学教授は一九九三年、「人格的自律権といわゆる『二重の基準論』」と題する論文（佐藤幸治『現代国家と人権』［有斐閣、二〇〇八年］所収、一五九頁以下）で「財産権等の経済的自由は、人格的自律にとっての手段的価値として位置付けられる。人格の保全、思想・良心の自由、政治的自由・権利等のいわゆる精神的自由が核（コア）的価値をなしつつ、手段的価値たる経済的自由がそれを支える形で存在する」と述べ、「核的価値は内在的制約にのみ服するのに対して、手段的価値は外在的制約にも服する余地がある」（同書一八四頁）と、これらの批判にやや懐疑的な意見を述べた。二〇〇八年秋以降、アメリカ発の金融危機が世界を覆うようになってみると、あまりに財産権を重視する主張は経済的格差の拡大を後押しする結果になりかねず、問題性を否定できない。経済的自由も、精神的自由も、どちらも重要な憲法上の価値であって、「二重の基準論」の強調のし過ぎは、どちらにとっても幸せな結果をもたらさないように思える。

第2. 報道の自由

(1) 知る権利への奉仕

事実を伝達する報道には、受け手側の意思形成のために素材を提供するだけでなく、報道すべき事実の認識、選択について送り手側の意志が働くから、「報道の自由」は「言論の自由」の内容をなしている。

原子力空母の佐世保寄港阻止闘争を取材したテレビ局に福岡地裁が撮影済みニュースフィルムの提出を命令した、いわゆる「博多駅事件」で、最高裁は一九六九年一一月二六日、「報道機関の報道は、民主主義社会において、国民が国政に関与するにつき、重要な判断の資料を提供し、国民の『知る権利』に奉仕するものである」と述べ、「事実の報道の自由は、表現の自由を規定した憲法二一条の保障のもとにあることはいうまでもない」と明確に認める判決を言い渡した。

しかし、国民の知る権利論に関して、最高裁と新聞等の報道機関とでは若干認識がずれているという指摘もある。川岸令和・早稲田大学政治経済学術院教授は「自由で豊かな情報の流れのために」と題する論文で「一般的な国民の知る権利の強調は、実は、新聞にとって両刃の剣である」と注意喚起した(「新聞研究」別冊『新聞の公共性と事件報道』[日本新聞協会、二〇〇八年]八頁)。「新聞が『国民』の知る権利論を援用して特権的な扱いを主張できるのは、自らが一員である自由で民主的な社会の必要条件である自由で豊かな情報の流れを新聞が促進するという目的に適合的な場合に限ってのことである。……それを果たしているかどうかの判断権は新聞には留保されていない」。川岸教授は新聞と国民が対立する可能性があることを指摘した後、「報道に関する『国民』の疑義に対して、新聞は、伝達する情報が自由で民主的な社会における多様で多面的な討議の促進にどのように寄与するのかを、示すことができなければならない。新聞にはその覚悟があるだろうか」と懐疑的な言葉で結んでいる。この指摘は、あらゆるメディアに妥当するだろう。ところが、メディア側の「知る権利」論議を聞いていると、自らは国民への「奉仕者」にすぎないにもかかわらず、まるで自分が「知る権利」の保有者であるかのように振る舞っているときがある。しかし、呑気に特権的な主張をしていると、本来の権利者から追及を受けることにもなりかねない。メディアには覚悟も、謙虚さも必要だ。

(2) 取材の自由

報道の前提になる「取材の自由」が憲法上の権利であるかどうかについては、それを否定する説や、保障されてはいるが表現の自由とは同等ではないとする消極的肯定説、同等の保障があるとする積極的肯定説が対立している。同等の保障を認めるのが多数説といわれる。博多駅事件の最高裁判決は「報道が正しい内容をもつためには、報道の自由とともに、報道のための取材の自由も、憲法二一条の精神に照らし、十分尊重に値いする」とした。しかし「公正な裁判の実現を保障するために、報道機関の取材活動によって得られたものが、証拠として必要と認められるような場合には、取材の自由がある程度の制約を蒙ることになってもやむを得ない」として、テレビ局に放映済みのフィルムに限り、提出を命じた。消極的肯定説の立場をとったとされる。

消極的肯定説に立てば、取材の自由の制約を広く認める結果になりがちだ。しかし、捜査機関に押収された物は、必ずしも犯罪捜査に使われるとは限らず、かえってメディアの取材の自由を妨げ、また、取材の抑圧に利用されるおそれも否定できず、この趣旨には疑念を抱かざるを得ない。

取材を効果的に行うには、ニュース・ソース（取材源）の秘匿が必要になる。朝日新聞社の石井記者が公務員の汚職事件公判で、取材源の秘匿は新聞記者の義務であることを理由に証言を拒み、証言拒絶罪（刑事訴訟法第一六一条）で起訴された事件の裁判で、最高裁は一九五二年八月六日、憲法第二一条は「新聞記者に特種の保障を与えたものではない」と述べ、有罪の判決を下した。これに対しては「新聞記者のもつ情報を別の手段では獲得できず、この情報開示の利益が他のいかなる利益よりも優越するときに、はじめて秘匿の権利を否定できるというような、言論の自由の高い価値にてらした判断方法がとられる必要がある」（伊藤正己『憲法　第三版』三一一頁）などとする批判が強かった。新聞記者のニュース・ソースに関する証言拒否を、医師や歯科医師、弁護士、宗教者ら一定の職域関係にある者の業務上の秘密について証言拒否権を規定した「刑事訴訟法第一四九条のような特別の立法的配慮」が必要ではないかとする提言もあった（鴨良弼「報道の自由と刑事訴訟法」［清水英夫編『法学文献選集9　法と表現の自由』学陽書房、一九七二年］所収、二一七頁）。

その後、最高裁の姿勢には変化が見られるようで、望ましい。アメリカ連邦地裁が審理中の損害賠償請求訴訟に関連し、国際司法共助手続に基づいて新潟地裁へ日本放送協会（ＮＨＫ）記者の証人尋問を嘱託したところ、記者は取材源特定にかかわる証言を拒絶した、いわゆる「ＮＨＫ記者証言拒絶事件」があった。この事件で、最高裁は二〇〇六年一〇月三日、「取材源の秘密は、取材の自由を確保するために必要」と認め、①報道が公共の利益に関するものである②取材の手段、方法が一般の刑罰法令に触れるとか、取材源となった者が取材源の秘密の開示を承諾しているなどの事情がない③取材源の秘密の社会的価値を考慮してもなお公正な裁判を実現すべき必要性が高く、そのために当該証言を得ることが必要不可欠であるといった事情が認められない――という要件が整っている場合には「取材源の秘密は保護に値すると解すべきであり、証人は、原則として、当該取材源に係る証言を拒絶することができる」と述べ、証言拒否を認める判決を言い渡した。メディア側からは異論がある内容だが、最高裁の取材の自由への理解がやや進んだとはいえるかもしれない。

刑事訴訟規則第二一五条によると、法廷内では写真撮影や録音、放送などは、裁判所の許可なしには行えない。法廷内での秩序維持、裁判官や証人などの心理への影響、訴訟関係者のプライバシー保護などが理由とされている。北海道の新聞社カメラマンが公判開始後、裁判長の制止に従わず裁判官席の壇上から被告人の写真を撮影して過料に処された事件があり、最高裁は一九五八年二月一七日の判決で「公判廷の状況を一般に報道するための取材活動であっても、その活動が公判廷における審理の秩序を乱し被告人その他訴訟関係人の正当な利益を不当に害するがごときものは、もとより許されない」と述べ、刑事訴訟規則を合憲と判断した。

開廷後のテレビ中継もかなり広く認められているアメリカに比べると、取材・報道の自由の観点から見た場合、日本では原則として許可が与えられない運用などに問題があるとする指摘も見られる。ただし、開廷前ならば写真撮影は通常許されている。

最高裁と日本新聞協会が合意した現行の「法廷内カメラ取材の標準的な運用基準」は一九九一年一月一日から実施されている。主な内容は以下の通りだ。

①　法廷内カメラ取材は、裁判所又は裁判長が、事件の性質・内容、その他諸般の事を考慮して、許可する。

②　撮影は、新聞・通信・放送各社間で話し合い、代表取材とする。

③　撮影機材は、一人で操作できる携帯用小型のスチールカメラ一台、予備用のスチールカメラ一台及びビデオカメラ一台とし、照明機材・録音機材・中継機材は使用しない。

④　撮影は、裁判官の入廷開始時からとし、裁判官全員の着席後開廷宣告前の間の二分以内とする。

⑤　撮影は、刑事事件においては、被告人の在廷しない状態で行う。

⑥　撮影対象は、入廷中の裁判官並びに裁判官席及び当事者席とし（傍聴席が付随的に入ることは可）、次に

掲げる撮影は許されない。

・特定の人物（裁判官を除く。）の拡張・拡大写真を撮影すること。

・傍聴席にいる特定の者を個別的に撮影対象とすること。

・当事者・傍聴人が宣伝的行為や法廷の秩序を乱す行為に出た場合、これを撮影対象とすること。

⑦ 取材条件又は裁判長（裁判官）の命じた事項に違反する取材が行われたときは、裁判長（裁判官）の権限に基づく処置、一定期間の取材停止その他必要な措置を執ることがある。

これは「標準的な運用基準」とされ、東京だけでなく、「各地において適正かつ円滑に実施されるよう、お互いに協力することとする。また、運用基準の内容や運用面で問題が生じた場合は、必要に応じ今後も双方で協議する」ことが了解された。

（3）放送の規制

欧米諸国のメディア法制には主に二つの考え方があるようだ。その一つはアメリカ、イギリスに見られる法制度で、新聞、雑誌などのプリント・メディアには特別な法的規制はかけずに自由な言論活動を保障する一方、テレビなどの放送メディアについては免許制、番組内容規制、集中排除措置などの規制を課している。もう一つはフランス、ドイツなどの法制度で、プリント・メディアにも反論権や集中排除のルールを設け、社会内部の多様な意見を制度的にメディア全体に反映させようとする。戦後の日本の法制度は、アメリカ・イギリス型の流れをくみ、プリント・メディアには所管官庁もないが、放送法第二条で「放送」は「公衆によって直接受信されることを目的とする無線通信の送信」と定義され、総務省が放送局に周波数を割り当てる免許制が敷かれている。放送局には、政治的公平性などを求める番組編集準則の遵守（放送法第三条の二）、番組審議機関の設置（放送法

第三条の四）などが義務付けられた。

しかし、なぜ放送だけが、このような規制の下に置かれても憲法に違反しないといえるのだろうか。憲法の清水英夫・青山学院大学教授は「放送法第三条の放送番組編集の自由に法律の留保をつけることは、少なくとも公共放送（ＮＨＫ）を除いては（それにも全く疑問がないわけではないが）、違憲立法の疑いがある」と批判していた（清水英夫『法とマス・コミュニケーション』［社会思想社、一九七〇年］一〇一頁）。

法的規制を放送だけに設ける理由としては、周波数帯に限りがあり、希少性が高いことと、放送を野放しにした場合、悪質・不公正な番組が家庭に侵入して来るという、放送の持つ社会的影響力の二つが挙げられる。しかし最近は周波数帯の利用が高度化し、同一周波数帯の中を分割して何種類かの情報を送信することが可能になり、衛星放送やケーブルテレビ（ＣＡＴＶ）も普及するなど、伝送ルートの希少性は大幅に緩和された。社会的影響力についても、プリント・メディアとの顕著な差異は認められなくなっており、放送もプリント・メディアと同じに扱い、広汎な法的規制は撤廃すべきだろう。

（４）インターネットの時代

メディアの世界では、次々に新しいメディアが出現し、日々、様相が変わっている。パソコン、携帯電話の普及と高機能化に伴って、インターネットが情報通信の主流を占めつつあり、各社のニュースは、それほど大きなタイム・ラグもなく、ホームページなどに掲載されている。

筆者が勤務する共同通信社も、ネット配信の部門を増員するなど強化に努めている。共同通信社は一九四五年一一月、全国の新聞社が社員となって組織した社団法人であり、「ニュースの卸問屋」として新聞用の記事を配信するほか、一九五〇年代には、テレビが家庭に普及したのに伴い、放送各社と配信契約を結んで放送用記事の配信も始めた。現在では文字放送や映像・音声の配信まで手掛ける多メディア展開を行っている。

ネット時代を迎えて、メディアをめぐる法制度も大転換を迫られる。事件・事故・裁判の報道に関しては、特に次の五つの点が問題となるだろう。

① ネット上では誰でも簡単に情報の発信ができるため、ホームページなどを設けているメディアだけを規制しても効果は薄いし、そのような対処の仕方が適当でもない。

② ネット上の情報は国境を越えて広く伝わる特性があり、管轄地域内の個人、法人への規制を行っても、地域外からの発信は防げない。

③ ネットで情報を公表する主体はさまざまなものがあり得るので、サーバーの設置者、プロバイダー（接続業者）、掲示板の管理人など、それぞれの責任を一律には考えられない。

④ ネットの情報はデジタルデータとして蓄積されるため、個々のデータには問題がなくても、ダウンロードされて、それぞれ独自のデータベースとして活用されたときには新しい問題を引き起こす可能性がある。

⑤ ネットの情報は編集、改変が容易で、瞬間情報として消えてしまうこともあり、責任を確定しづらい。

実際の裁判でもネットの情報が問題となり始めている。陪審制度の国では、公判開始後、陪審員がネット上に残っていた公判前の公表資料に触れ、それが他の陪審員に伝えられ、問題となった実例もある（細田啓介「オーストラリアにおける刑事陪審公判と報道の関係を中心とする手続の公正と公表の関係について（下）」判例タイムズ一一三一号、五五頁）。このようなことは裁判員制度の下でも起きる可能性を否定できない。

オーストラリアでは二〇〇〇年、有罪になった事件の詳細を紹介するサイトがオープンした。有料サイトだが、個々人の犯罪歴を参照できるコーナーがつくられている。ある殺人事件の公判では、このサイト上に被告人の前科情報が載っているだけでなく、事件の事情について誤った事実が含まれているとして、陪審の責任解除(discharge) が行われ、新たに陪審員が選ばれて裁判がやり直しになったという（細田同論文）。

日本でも裁判員制度が始まったら、裁判員候補者らが利用することをあてにして同様の有料サイトが立ち上げられることも予想できる。その場合、どのように対処すべきなのだろうか。もし、不確かなネット情報を基に予断に満ちた裁判員の判決が出されたとしたら、規制論が一挙に噴出するかもしれない。そのときに、ネット展開を進めている既存のメディアが巻き込まれないという保証はないだろう。

ネット社会化が進行すると、社会は一体、どのようなものになるのだろうか。二〇〇八年九月、新聞、放送、出版、広告各社が構成する「マスコミ倫理懇談会全国協議会」（マス倫懇）の第五二回全国大会が熊本市で開かれ、「ネット社会とメディアの倫理」をテーマとした分科会でゲストのＩＴジャーナリスト、趙章恩さんが急速にネット社会化が進行している韓国の状況を報告した。趙さんによると、韓国では若者中心にネット・ユーザーが急増し、本や雑誌もネットで公開されるようになった。最近は、本屋に雑誌が置かれず、新聞も売れなくなっていて、ネットによって世論がつくられる傾向が生まれているという。

日本でも、目の不自由な人向けに小説を朗読するサービスが点字図書館などによって行われ始めたが、活字を読まず、携帯電話になじんだ世代にとっては、新聞、雑誌や本などに代わる強力な情報源になることだろう。つい最近まで、プリント・メディアにとって、将来の強敵は放送メディアだと信じられてきたが、放送メディア以上の強敵は、ネットなど情報通信の中から育ってくるニュー・メディアになるかもしれない。

二人目のゲスト、ｇｏｏニュース・デスクの藤代裕之氏は「ネット社会では誰でも情報発信でき、既存メディアが『攻撃』を受ける時代がやってきた」と指摘した。藤代氏は「ミドル・メディア」という新しい市民メディアの急増も指摘し、マス・メディアは「情報発信について記者と一般の人との境界線が見分けにくい時代の倫理を確立すべきだ」と忠告した。

新聞業界トップの読売新聞の発行部数は約九〇〇万部だが、ネットの掲示板「2ちゃんねる」にアクセスする利用者は日に約一〇〇〇万人にも達する。ネット社会の情報がマイノリティ（少数者）のものだとは、とても言えない状況が生まれつつあり、既存メディアは、ネット情報だと高をくくっていると、足下をすくわれる。それだけの力量をネット・メディアがつけてきていることを直視した方がよい。

これまで、防御に回る体験はあまりしたことがなかったマス・メディアに対し、一般の市民から「質問」「苦情」「意見」「抗議」といった、さまざまな形での反応が寄せられ、各社は嫌でも対処せざるを得なくなる。客観報道の姿を装い、独善的な報道をしたのでは、これらの市民からの「攻撃」には耐えきれないことだろう。

今後、既存メディアが提供する情報とネット・メディアの情報との峻別を可能にするメルクマールは、おそらく、「提供される情報への信頼性」になるに違いない。無料あるいは低廉な価格で入手できるネット情報に頼らず、視聴者が有料で既存メディアの情報を購入してくれるには、それだけの投資に値する情報の確実性、真実性がなければならないし、そのメディアだからこそできる主張への信頼性がなければならない。それを、既存メディアはどのようにして確保していけるのだろうか。

（5）ガラスの城

マス倫懇第五二回全国大会の「変わる刑事司法と報道」分科会にゲストとして招かれた日本弁護士連合会（日弁連）の大川真郎・元裁判員制度実現本部本部長代理は「弁護士と報道は似ているところがある」と興味深い指摘をした。「戦後の弁護士法で弁護士には自治が認められ、弁護士はそれを背景として国家権力に向かい合える。

現在の弁護士はそれがまるで天から与えられた制度のように考えているが、実は危なっかしい。弁護士自治といっても、結局は国民に依拠するしかなく、国民の意思によって弁護士法が改正されれば、ただちに失われてしまう。だからこそ、今回の司法改革で日弁連は、不始末を起こした弁護士について、市民からの苦情があれば自らの手で処分する制度をつくっている。一五人の委員が審査をし、除名（弁護士資格剥奪）や一定期間の業務停止などの懲戒処分を決める新しい綱紀・懲戒制度を設けているのは、弁護士自治を守るためだ」。大川弁護士は、このように報告した後、「報道の自由を守るにも、報道機関内部での制度づくりが必要になる。報道の自由を規制するような法律作りがされたら大変だ」と、メディアの自主的な取り組み強化を求めた。

報道に対する法的規制や国家権力による監視を防ぐには、メディアが自浄能力を外部に示し、報道の自主性、自律性を高めていくのが一番だ。その姿勢が貫徹され、市民の評価を受ければ、報道内容への信頼性も格段に高まり、ネット・メディアとは違った社会的信用を得ることができるだろう。これまでのような報道の在り方ではなく、もっと自律性を高め、自らの内部で自ら定めたルールを確実に実行していくことがさらに重要になる。

清水英夫教授はかつて、「いまマスコミは社会のリーダーシップを握っており、その威力は一見極めて強大に感じられるが、表現の自由そのものは、いぜん〝ガラスの城〟のように脆いものであると思う。公権力にせよ私的権力にせよ、その社会的実力はマスコミの比ではない。特に法律は国家権力そのものであり、表現の自由の規制についてアメリカの裁判所が非常に慎重なのは、規制による萎縮効果（チリング・エフェクト）を懸念するからである」と注意喚起した（清水英夫『マスコミの倫理学』［三省堂、一九九〇年］一一頁）。

メディアが脆い存在であることには、今も何ら変わりがない。膨大な市場を抱える既存メディアといえども、自律性や自浄機能を失ったら、凋落はすぐやってくる。社会的な信用を築き上げるには大変な年月と労力を要するが、それを失うのは、ほんの一瞬だ。確固とした報道姿勢に基づき、信頼される報道を貫くことこそ、裁判員制度を前にして、現代のメディアが実行しなければならない課題なのだと思う。

第3．報道姿勢

（1）メディアの倫理観

新聞協会は一九六三年九月、初めて「新聞編集の基準」を発行した。「まえがき」には「新聞編集の基礎として日常注意しなければならない法律上、倫理上の問題をとりあげて解説した」と書かれている。プリント・メディアが「法律上、倫理上の問題」を明確に意識し、本格的に討議を始めたのは一九六〇年代からだった。この小冊子が興味深いのは、目次をたどると名誉棄損、プライバシー（「宴のあと」事件など）、わいせつ（チャタレイ事件など）、少年犯罪（連続ピストル射殺事件など）、誘拐報道ときて、その後に被害者・関係者の報道、証拠写真の外部提供（博多駅事件など）、ニュース・ソースの秘匿（石井記者事件）と続いていることだ。当時は名誉棄損、プライバシーといった民間人の権利と表現の自由との衝突に主な関心があり、その次に、わいせつ文書の検閲という公権力とのぶつかり合いが意識されていたと読み取れる。今日、重大な問題になっている被害者・関係者の報道、取材源の秘匿といった、報道が影響を及ぼす相手への意識が極めて希薄だ。

当時は、言論の自由を掲げて事実に肉薄する〝攻撃的取材〟ばかりが強調されていた。戦前、国家権力によって検閲、発行禁止などの抑圧を受けてきたメディアにとり、国家権力から自由になることで、自ら客観的事実と信じるものを報道しようと、使命に燃えていた時期だったからだろう。筆者が受けた記者研修でも、メディアが行うのは「客観的報道」であることを当然視して疑わず、事件・事故の報道では〝攻めの姿勢〟で捜査当局からネタを取ってくることが強く求められた。

新聞協会は一九七二年、新聞編集関係法制研究会編『法と新聞』を刊行した。この研究会は伊藤正己、田宮裕、堀部政男ら各教授のほか、後に最高裁判事になった大野正男弁護士や朝日、毎日、読売各紙の編集局幹部で構成された。同書の「まえがき」では、従来の研究成果は「法律学者ないしは新聞人が、自分たちの領域から対象に取り組んだもので、法と新聞が相互に重なり合い、競い合う部分を浮き出すことは少なかった」「両者の境界領域に踏み込まなければならないし、往来できる橋をかけなければならない」と問題意識を記している。このころから、ようやく、メディアと法をトータルに把握する作業が始まったといえるだろう。

新聞協会は『法と新聞』を継承する書籍として一九九〇年、「新聞法制研究会」による研究討議をまとめ、『新・法と新聞』として刊行した。同書は、表現の自由に「優越的地位」を認める理論の問題点を三つ指摘し「意欲的に提唱されてきた優越的地位の理論は、言論人にとっても魅力に富んだ考え方であるが、近年はさまざまな難問に直面し、その妥当範囲や根拠付けをめぐって疑問が提出されるなど、転換期にさしかかっているともいわれる」と述べている（『新・法と新聞』二二頁以下）。

指摘の第一点は、「さまざまな人権のなかで優越的地位が保障されるのは、表現の自由だけでよいのか」という疑問だ。「その背景には、プライバシーの権利や公正な裁判の実現といった、それ自体きわめて重要な法益と表現の自由が正面から衝突する場面が増えてきたという事実が横たわっている」。同書は、こう述べ、「表現の自由の優越性とはいっても、しょせんは相対的なものではないかという批判」にも言及した。

二つ目は、根拠付けについて再検討を求める声が出ていることだ。通説的な考え方は表現の自由が民主主義の政治過程にとって不可欠な価値であることを挙げるが、同書は、私人のプライバシーを侵害するような興味本位の表現について、その理屈を持ち出すのは説得力に欠けるとしている。

三つ目は、この理論がとかく理論倒れに終わり、裁判所の判例の形成に実質的には役立っていないのではないかという批判だ。北方ジャーナル事件をはじめ「精神的自由に対する規制の当否が争われた事件では、判決は言葉のうえでは、それを尊重するようにいいながら、規制をすべて正当視している」と言う。

これらの問題点は、その後、さらに顕在化しているように思われる。第一の問題点の中で一言だけ言及された「公正な裁判の実現」が、裁判員制度の実施を前にしてクローズアップされてきたのが大きな例証だ。

メディアにとって、表現の自由に「優越的地位」を認める理論は、公権力相手の取材で、大きな後ろ盾となる。その意味では引き続き重要性を失ってはいないし、どれほど強調しても強調しすぎることはない。ただし、私人に対する取材の面では、優越性を主張しにくくなっている。個人の保護法益にかかわる分野では、優越性の理論よりもむしろ報道倫理の方が考慮されなければならない。少年事件、誘拐事件だけでなく、報道よりも優先させなければならない法益に対して、メディアはどのような対処をするべきかが問われている。

（2）プライバシー

憲法の明文によって保障されてはいないが、最高裁の判例などによって実務上認められている「新しい人権」がある。その代表が「プライバシー権」だ。この権利は当初、私生活に干渉されない権利として観念されていた。二〇世紀前半にアメリカ最高裁の判決で述べられた「一人にしておいてもらう権利」（干渉阻止権）が、伝統的なプライバシー権だった。

裁判上、初めて「プライバシー権」を認めたのは、三島由紀夫の小説「宴のあと」をめぐる損害賠償請求訴訟だった。モデルとされた元外務大臣が、私生活の「のぞき見」描写であり、堪え難い苦痛だと訴えたのに対し、東京地裁は一九六四年九月二八日の判決で「正当な理由がなく他人の私事を公開することが許されてはならない」とプライバシーの権利性を認め、プライバシー侵害が成立するには、公開された内容が①私生活上の事実または私生活上の事実らしく受け取られるおそれがある②一般人の感受性を基準にして当該私人の立場に立った場合、公開を欲しないであろうと認められることがらである③一般の人々に未だ知られていないことがらである——という三つの要件を必要とし、このケースはその要件を満たしているとして被告側に損害賠償を命じた。控訴審では和解が成立、この判決が確定した。

（3）名誉棄損

名誉権は人の社会的評価を保護する権利とされている。刑法第二三〇条一項（名誉棄損罪）は「公然と事実を摘示し、人の名誉を毀損した者は、その事実の有無にかかわらず、三年以下の懲役若しくは禁錮又は五〇万円以下の罰金に処する」と定めている。また第二三一条（侮辱罪）は「事実を摘示しなくても、公然と人を侮辱した者は、拘留又は科料に処する」としている。刑法上、名誉とは①内部的名誉（人格の内部的価値そのもの）②外部的名誉（人格的価値の社会による承認・評価）③名誉感情——の三つに区別することができ、このうち内部的名誉は法律的保護の範囲外とされてきた。団藤重光・東京大学教授は外部的名誉を保護法益とするのが名誉棄損罪、名誉感情を保護法益とするのが侮辱罪だと述べ、有力説となっている（団藤重光『刑法綱要各論』［創文社、一九六四年］四一三頁）。

しかし、最高裁は一九八三年一一月一日の決定で、火災保険会社を侮辱した事案について侮辱罪の成立を認めた。感情のない法人にも侮辱罪は成立するとされ、今日では、侮辱罪の保護法益も外部的名誉だとするのが多数説になっている。この場合、事実の摘示を伴う場合が名誉棄損罪、伴わない場合が侮辱罪となる（前田雅英『刑

法各論講義　第二版』〔東京大学出版会、一九九五年〕一三三頁）。

戦後、憲法が改正されたのに伴い、一九四七年に急遽、「事実の摘示」を不処罰とする刑法第二三〇条の二（公共の利害に関する場合の特例）が新設された。同条第一項は①行為が公共の利害に関する事実に係り（事実の公共性）②その目的が専ら公益を図るためであり（目的の公共性）③事実が真実であると証明があったとき（真実性の証明）――という三つの要件が満たされれば、罰しないとする原則を規定した。第二項では「公訴が提起されるに至っていない人の犯罪行為に関する事実は、公共の利害に関する事実とみなす」としており、逮捕された被疑者に関する報道などは「事実の公共性」が認められている。第三項は「公務員又は公選による公務員の候補者に関する事実に係る場合には、事実の真否を判断し、真実であることの証明があったときは、これを罰しない」とした。公務員又は公務員の候補者に関する事実の場合には、「事実の公共性」と「目的の公共性」の立証は不要であり、「真実性の証明」があれば不可罰となる。この規定の趣旨は民事の不法行為としての名誉棄損にも妥当するというのが通説と判例（最高裁一九六六年六月二三日判決）の立場になっている。

刑法の名誉棄損罪に関する規定は、表現の自由との調整を図るのが目的と理解されている。裁判では「事実の公共性」と「目的の公共性」が問題になることはほとんどなく、真実性の証明が争点になることが多い。「夕刊和歌山時事」新聞の記事をめぐる名誉棄損事件で最高裁は一九六九年六月二五日、「事実が真実であることの証明がない場合でも、行為者がその事実を真実であると誤信し、その誤信したことについて、確実な資料、根拠に照らし相当の理由があるときは、犯罪の故意がなく、名誉棄損の罪は成立しない」とする判決を言い渡した。メディア側は「画期的な判決」と受け止めた。しかし、新聞報道の真実性に関して「確実な資料、根拠」まで要求するのは厳しすぎる。記事の作成は、新聞ならば原稿の締め切り時間、テレビならばニュース放送時間に縛られた作業であり、鮮度が要求される。確実な資料が求められるのはもっともだが、そこまで材料が整ってはいなくても、相当程度真実と判断できるときには、報道に踏み切るべき場合がある。この判決は報道の実情と、報道が果たすべき社会的役割についての理解の不十分さを感じさせる。

（4）個人情報の保護

今日ではプライバシー権の内容は、さらに発展し、避妊・堕胎など個人の私的な領域での「自己決定権」と、高度情報化社会にあって自分に関する情報を自らコントロールする「自己情報コントロール権」とに大きく二分して把握されるようになった。それだけでなく、アメリカではプライバシーの権利の主体を個人に限らず、法人にまで広げている。

自己情報コントロール権は元来、私的な領域に属する情報の収集・利用・伝達に関する権利と理解されてきた。しかし最近では、公的領域に関する情報であっても、住所・氏名・生年月日など個人を特定できる情報（個人情報）が収集・管理されている場合には、本人がその正確さ、管理の安全、使用目的の限定などについて一定の権利を行使することができるとされるようになった。私的か公的かを区別することが現実的には難しいことなどが根拠となる。

この事情は二〇〇三年、「個人情報の保護に関する法律」が成立したことで加速された。この法律は、生存する特定個人の個人情報を扱う事業者に、利用目的の特定などを定め、本人からの情報開示、訂正請求などに応じる義務を課した。ただし、報道機関、著述業者、学術研究機関、宗教団体、政治団体は、本来の目的に即して扱う限りは、これらの義務を適用しないとされた。裁判員法の立法に当たっては、このような個人情報保護法の趣旨が考慮されている。

第4．取材と人権

（1）編集権

共同通信社の原寿雄・元編集主幹は「今の日本は、欧米諸国にあるような国家機密法（防諜法）もない点で、世界第一級の自由なプレス環境にある」という。ただ、「その自由を自由に行使しておらず、実態としてはいまだに言論・報道にタブーの領域を持っている」とも述べ、「何よりもまず自由の旗を高く掲げよ」と強調した。タブーの領域として天皇報道を例示し、「自主検閲の典型」と批判している（原寿雄『ジャーナリズムの思想』［岩波新書、一九九七年］七六頁以下）。

原・元編集主幹は「新聞・放送の各社内でさえ、言論の自由が企業主義に従属しがちである」とし、その原因は新聞協会の「編集権声明」にあると指摘する。この声明は、米軍占領下の一九四八年三月に発表され、編集権の行使者について「編集内容に対する最終的責任は経営、編集管理者に帰せられるものであるから、編集権を行使するものは経営管理者およびその委託を受けた編集管理者に限られる」とした。このため「新聞社・放送局内のジャーナリストの発言権保障は弱い」が、「精神的活動を業とするジャーナリストに精神的な自由と自律がなければ、ジャーナリズムの自由は実現できない」（同書八七頁）と懸念を示している。

アメリカの新聞社では経営権と編集権は区別され、経営者が編集に口出しできない慣行がある。しかし、日本の編集権は経営権に従属する立場にあり、取締役会など経営管理者の意向に従わなければならない構造ができている。それが、日本で自由なジャーナリストとしての職業観が育たず、また、現場記者の発言権が弱い状況を生み出している土壌といえるのではないか。

こうした編集権の弱さが関係しているのだろうが、犯罪報道の在り方について日本のメディアは戦後ずっと無頓着だった。大事件が起きるたびに、新聞、テレビ、雑誌、出版を問わず、センセーショナルな報道が飛び交った。原・元編集主幹は「市民革命を経験していない日本社会は、全般に自由より秩序を優先する考え方が根強い。秩序を維持し治安を守るためには、個人の人権侵害に目をつぶることがあってもやむを得ない、という報道の思想もここから来ている。新聞や放送の犯罪報道が、司法手続きに基づく裁判の結果を待たずに、容疑者に対して懲罰を加えてしまう『プレス・トライアル』（報道裁判）について、長いあいだ、日本社会はきわめて寛大だった」（同書一七二頁）と記している。

『法と新聞』第一章を見ると、犯罪報道の問題点として、逮捕された場合の有罪率が極めて高いことなどを背景として「新聞は逮捕時において有罪が確定したかのごとく大きく扱う」ことが指摘され、「無罪推定の法理（筆者注・被告人は無罪として扱う原則）に基づいて新聞はもっと慎重であるべきではないか」という意見が述べられている。このような事情が生まれた背景の分析が興味深い。「日本では裁判が遅い（メーデー事件は一審だけで一八年かかった）。だから裁判まで報道を待たせておくわけにはいかない。いきおい、捜査段階での犯罪報道が重点になる」（同書二二頁）という。「イギリスやアメリカでは、逮捕時点でそれほど大きく報道しなくても、裁判が早く開かれるから、その裁判報道を通じて逐次容疑の点などを明らかにしていけばよい。イギリスには予備審問（preliminary examination）がある」「予備審問で逮捕理由を明らかにする。だから新聞は、警察につかまったときすぐ書かなくとも、この公開のミニ裁判で取材すればよい。また陪審（jury）制度をとっているから、陪審員に予断を与えないために、裁判前の犯罪報道は極力控えるようになる」という見方が示されている。

刑事司法全体の構造が、逮捕時の大報道を招いているという指摘はおそらく核心を突いている。この状況は一九九〇年代の司法改革論議まで、それほど変わらずに続いてきた。現在の犯罪報道の姿は、刑事裁判の高い有罪率、長期にわたる審理といった刑事司法の姿を反映しており、メディア内部だけの論議では対処できない限界がある。この点は裁判員制度の実施を前にした時期に、特に意識しておくべきことだと思う。

(2) 記者クラブ

日本の報道システムの顕著な特色は、閉鎖的な「記者クラブ」にあると批判されている。新聞・通信・テレビ・ラジオの大手メディアでつくられている記者クラブは、首相官邸や中央官庁をはじめ地方自治体、財界などにまで広がっている。筆者も愛知県、福井県、三重県四日市市で県庁、市役所、県警などの記者クラブに在籍し、東京では最高検・最高裁・日弁連を担当する「司法記者会」、皇室担当の「宮内記者会」、外務省担当の「霞クラブ」などに所属してきた。

記者クラブは、そのメンバーにとっては大変便利なものだ。官庁側が提供した部屋に各社専用のデスクが置かれ、電話、ファクスなどの通信手段やテレビが自由に利用できる。広報担当職員が発表資料を次々に置いていき、クラブ主催の記者会見や官庁側の説明などに使う別室もある。記者会見の段取り、当局との交渉など事務的なことは順番で幹事社が行うので、机に座ってさえいれば最低限の記事は書ける。最近は部屋代、光熱費、通信費などの維持費を各社が支払うようになったが、以前は無料だった。記者クラブは官庁広報の一端を担っているから部屋代などは取らない、ということだった。

筆者が経験した中で、最も内部規制が厳しかったのは宮内記者会だ。メンバーは在京大手の新聞社のほかNHK、民放テレビのキー局、通信社だけ。雑誌社などは「宮内庁記者クラブ」などを別につくっていたが、常時来てはいないので、当局からの扱いには差があった。宮内記者会の常駐が認められるのは各社二人までで、常駐記者には皇居への通行証が発行され、出入りは自由だ。常駐記者でないと天皇・皇族の記者会見には出席できないし、海外訪問、地方旅行などでも同じ飛行機、列車には乗れない取り決めになっている。

宮内記者会に登録した初日、後にも先にも味わったことのない苦い経験をした。その日は美智子皇太子妃（現皇后）の記者会見の日だった。質問は新聞、テレビ各一社の幹事社が代表して行い、内容はあらかじめクラブ総会で決め、文書で宮内庁側に提出してある。会見場の東宮御所へ向かう前、他社の先輩記者から「君は来たばかりだから、一切質問をしてはいけない。代表質問の後に許されるのは二、三問しかないから、何も知らない人に出てこられては困る」と、くぎを刺された。記者なのに「質問する権利がない」のには、びっくりした。

これに比べると、司法記者会は制約がずっと緩やかだ。しかし、判決や開廷の時刻に応じた報道の仕方についての申し合わせがあり、午後一時以降の判決などの場合、原則として新聞は翌日朝刊、放送は夕方の時間帯（おおむね午後三時以降）からとされている。これらに違反すると、クラブ総会で処分がある。ひどいケースは除名であり、情状に応じて一定期間の出入り禁止などの処分が言い渡された。そうなると記者室に立ち入りができないだけでなく、報道腕章も取り上げられるので、筆者の在籍当時は法廷内でメモもできなくなった。

日本で記者クラブが誕生したのは一八九〇年。帝国議会が設立され、取材を求める記者らが「議会出入り記者団」を結成したのが始まりだ。新聞協会は全国の記者クラブの基本的指針となる統一見解を数回にわたって示しており、戦後の一九四九年には「記者の有志が集まり、親睦社交を目的として組織するものとし、取材上の問題には一切関与せぬ」とした。つまり、親睦団体であって取材機関ではないという位置付けだった。しかし、一九七八年の見解で「日常の取材活動を通じて相互の啓発と親睦を図る」に変更され、取材機関化を認めた。二〇〇二年一月一七日に公表した「記者クラブに関する日本新聞協会編集委員会の見解」は、「公的機関などを継続的に取材するジャーナリストたちによって構成される『取材・報道のための自主的な組織』」と位置付け、「日本の報道界は、情報開示に消極的な公的機関に対して、記者クラブという形で結集して公開を迫ってきた歴史」があると述べている。

論説委員・編集委員になって以来一〇年以上、記者クラブから離れて取材をしているが、クラブ員でなくても最高裁、法務省などから取材拒否にあうことは皆無だ。しかし、それも、社会部、政治部などの現場記者らが記者クラブへの発表資料を届けてくれたり、記者会見の内容などを知らせてくれたりするというベースがあってのこと。そこから締め出される外部の雑誌記者やフリーランスの記者、外国報道機関の特派員らにとって、記者クラブは報道機関の風上にも置けない、とんでもない存在だろう。

ＮＨＫ報道局やニューヨーク・タイムズ東京支局取材記者の経験があるフリーランスのジャーナリスト、上杉隆氏は「見えない記者クラブの壁と衝突するたびに、内心怒りで震え、顔では微笑み、そして耐え忍んできた」（上杉隆『ジャーナリズム崩壊』〔幻冬舎、二〇〇八年〕四頁）と激しい言葉で理不尽さを非難する。

アメリカなど海外諸国には記者クラブ制度はなく、欧州連合（ＥＵ）からは強く廃止を求められている。例えば、ＥＵ駐日欧州委員会代表部が二〇〇二年と二〇〇三年に日本政府へ提出した「日本の規制改革に関するＥＵ優先提案」には、次のような二つの提案が盛り込まれていた。

① 外国報道機関特派員に発行されている外務省記者証を、日本の公的機関が主催する報道行事への参加認可証として認め、国内記者と平等の立場でのアクセスを可能にする。

② 記者クラブ制度を廃止することにより、情報の自由貿易にかかわる制限を取り除く。

これに対して新聞協会は二〇〇三年一二月、「記者クラブ制度廃止にかかわるＥＵ優先提案に対する見解」を公表し、「日本の記者クラブ制度は、現在も『知る権利』の代行機関として十分有効に機能しており、廃止する必要は全くない」と反論した。この見解は、国民の知る権利を論拠にしているが、外国メディアの報道も国民の知る権利に奉仕することには変わりがないのではないか。日本の報道機関でも雑誌は一般に加入が認められていないことも考えると、この主張の論拠は十分ではないように感じられる。権力とメディアの関係を健全な状態に戻し、良質なジャーナリズムを貫くには、外国や雑誌などのメディアに対する「記者クラブの開放こそが何よりの特効薬だ」（同書二三四頁）とする上杉氏の主張の方が、説得力がありそうだ。

上杉氏が指摘していることで日本のメディアがもっと考えなければならないのは、米国の新聞が「新聞社と通信社の仕事を完全に峻別し、自らの仕事をいわゆるジャーナリズム的な役割に特化している」(同書二三三頁)ことだ。筆者が通信社の仕事をしているせいで強く感じすぎるのかもしれないが、日本の新聞は、どれを読んでも代わり映えのしない記事が載っており、画一性が強過ぎる。その背景には、戦時中に政府が進めた「一県一紙」の新聞統合措置に続き、戦後の高度経済成長で全国的に消費文明への読者の関心が高まったことによって、新聞界が急激に「画一体質」を強めた事実がある。

しかし、事件が起きたとき、全部の新聞社、テレビ局が雁首を並べて同じように取材をする必要性などどこにもない。大きな事件・事故が起きると、通信社の記者は、まずフラッシュ（短い速報）、ピーコ（音声によるお知らせ）、番外（速報記事）、一報（短文の記事）を矢継ぎ早に送るとともに、新聞用のスチール写真やテレビ用のビデオ撮影をし、さらに放送局からの求めに応じて現場からの音声レポートもしなければならない。これらの報道素材の提供が、アメリカなどでは「ワイヤー・サービス」と呼ばれる。これは通信社の職域であって、新聞社はＡＰ（アメリカ）、ロイター（イギリス）、ＡＦＰ（フランス）、新華社（中国）、タス（ロシア）などの通信社から配信を受けて紙面に掲載する。新聞社の仕事はそこから先であり、通信社の報道を踏まえて事件・事故の背景分析をしたり、問題点を掘り下げて具体的な提言をしたり、論評を加えたりしている。

ところが日本では新聞社も、テレビ局も、雑誌社も、轡を並べて通信社と同じ取材に殺到する。どの社がしても大きな違いがない会見などの事実関係の取材でも、全社が同じ労力を費やして同じことをしているのは、なんとももったいない感じがする。それよりは、独自の視点を重視し、記者の個性があふれる評論、提言などに専念した方が、多角的な視点を読者、視聴者へ提供でき、どれほど社会的利益を増すことになるだろうか。

評論家の立花隆氏は「日本の新聞の欠陥」を次のような刺激的な言葉で記している。「新聞をよくしなければ大変だという前提が、そもそも新聞の過大評価から発した前提で、情報化社会における新聞のメディアとしての地位は、過去の栄光にもかかわらず相対的に沈下しつつあるし、さらに沈下させる必要がある」「かつては新聞が独占的なメディアだったが、現代社会では無数のメディアの中の一つである」（立花隆『アメリカジャーナリズム報告』〔文春文庫、一九八四年〕三七頁）。雑誌、出版を中心に活動している立花氏に言わせれば、日本は「新聞社のあり方や、記者のあり方においても独特」すぎるようだ。

（3）事件報道の基準

「取材と人権」の観点から戦後の事件・事故・裁判報道を見ると、大きく言って四つの山があったと思う。第一は、非行少年について少年法の精神を踏まえて氏名、写真などの掲載を自粛する一九五八年の取り決め。第二は、誘拐事件の被害者保護を優先させる一九七〇年の誘拐報道協定。第三は、それまで被疑者・被告人を呼び捨てにしていたのを改め、「容疑者」という呼称を付けることを原則とした一九八九年の「容疑者報道」。第四は、事件関係者の取材に各メディアが殺到する「集団的過熱取材（メディアスクラム）」を防ぐ申し合わせだった。二〇〇七年から活発化した、裁判員制度実施に伴う報道の在り方の見直しは、これらに次ぐ大きな波になっている。裁判員制度の下での報道を考える前に、四つの山を中心に、事件・事故・裁判報道の移り変わりを見ておきたい。

少年犯罪について新聞協会は一九五八年一二月、「少年法第六一条の扱いの方針」を定めた。「少年法第六一条は、未成熟な少年を保護し、その将来の更生を可能にするためのものであるから、新聞は少年たちの〝親〟の立場に立って、法の精神を実せんすべきである」と述べ、「二〇歳未満の非行少年の氏名、写真などは、紙面に掲載すべきではない」とした。ただし、①逃走中で、放火、殺人など凶悪な累犯が明白に予想される場合②指名手配中の犯人捜査に協力する場合——など、少年保護よりも社会的利益の擁護が強く優先する特殊な場合は、氏名、写真の掲載を認める例外としている。

少年法第六一条は、少年事件について「記事又は写真を新聞紙その他の出版物に掲載してはならない」と定めている。しかし、罰則規定はないため、新聞協会の「扱いの方針」は、新聞の倫理規定ともいわれる。

一九六〇年に東京で起きた「雅樹ちゃん事件」を契機として新聞協会編集委員会が一九七〇年二月、警察庁との間で「誘拐報道の取り扱い方針」を決定した。事件当時、各紙が激しい取材競争を展開し、犯人の要求、捜査状況などが逐一報道されたのがきっかけになった。雅樹ちゃんは殺害されたが、その後逮捕された犯人が「新聞の報道で非常に追い詰められた」と語ったことが、各社に深刻な反省を呼びおこした。

この方針は「誘拐事件のうち、報道されることによって被害者の生命に危険が及ぶおそれのあるものについては、報道機関は捜査当局からすみやかにその情報の提供を受け、事件の内容を検討のうえ、その結果によっては報道を自制する協定（仮協定を含む）を結ぶ」としている。通常は、申し入れがあれば、自動的に仮協定となり、各社編集責任者の了解が得られた後、本協定に移行する。新聞協会、日本民間放送連盟（民放連）の全加盟社を拘束し、日本雑誌協会（雑協）の加盟社も、警察庁から申し入れがあれば同調することになっている。窓口となるのは事件発生地の警察本部記者クラブだ。協定中、警察は捜査状況を詳細に発表し、被害者の安否が確認されたり、被疑者全員が逮捕されたりすれば、報道機関側が協議して協定を解除する。

この協定はメディアが、人命尊重のため、自らの手足を縛るものだが、誤解されてはならないのは、協定中も警察本部幹部への個別の取材は自由であって、警察本部は捜査情報を隠したりせず、すべてを記者クラブへ発表することだ。捜査情報がすべて提供されることこそ、報道自粛の大前提になる。しかし、往々にして警察本部側は一部の情報を発表せず、問題になる。そのようなことがあると、報道側は協定に応じにくくなり、制度の趣旨が生かされなくなる可能性がある。

メディア内部で、報道の内容によっては自らが加害者の立場に立つこともあり得るということが明確に意識されるようになった。報道が踏まえるべき「倫理基準」が、新聞協会の内部で議論され、それが「報道を自制する協定」の合意にまで至ったことは注目されてよい。しかし、少年報道と誘拐報道を除く、その他の自主的な申し合わせについては、メディア内部は極めて消極的だった。言論の自由、取材の自由を掲げる立場からすれば、それも当然のことだったが、書かれる側の立場からする批判は静かに進行していた。

（4）容疑者報道

テレビ、ラジオに限らず、新聞、雑誌の報道で被疑者、被告人は呼び捨てにするのが共通した慣行だった。新聞協会が一九八〇年に刊行した『改訂版　取材と報道　新聞編集の基準』は、呼び捨ての根拠として「犯罪容疑が固まっていると報道しながら、健康上の理由などで逮捕状が執行されないような場合に、いつまでも敬称付きで報道していると、『なんであんなやつに敬称をつけるのか』と抗議がきます」と書き、「読者感情への配慮」があることを明らかにしている（同書七二頁）。

同書は「敬称についての新聞界の共通の慣行」として次の三つを挙げた。

①　犯罪の容疑者については、容疑が確実なものになった段階で敬称をはずし、呼び捨てにする。

②　芸能人、スポーツ選手には、原則として、敬称をつけない。

③　歴史上の人物には敬称をつけない。

しかし、これら「共通の慣行」も、一九八一年にフランスのパリで起きた日本人留学生によるいわゆる〝人肉殺人事件〟報道をきっかけに見直された。この事件は、殺したオランダ人女子学生をバラバラにして冷蔵庫に入れ、料理して食べたという異常な犯行であり、フランス警察は被疑者の精神鑑定を行った。大部分の新聞・通信社は〝疑わしきは仮名に〟の慣行に従って匿名で報道したが、実名報道に踏み切ったところも二紙あって論議を呼び、匿名で報道するケースや敬称の扱いをルール化しようという機運が高まった。

呼び捨て原則を変える決定的な引き金になったのは一九八三年、日本で初めて死刑囚の再審裁判で無罪が認められた「免田事件」だった。一九八四年二月、サンケイ新聞が「犯罪報道にあたっての呼称」方針を定め、起訴前の犯罪容疑者の扱いについて、逮捕・指名手配時は原則として「○○社長」「○○運転手」などの「肩書呼称」をつけるなどとする「新方式」を試験的に実施した。新方式にはフジテレビが同調、NHKも三月、「犯罪報道と呼称基本方針」を決定、四月から実施に移した。NHKの基本方針は①逮捕者・被告人には原則的に「呼称」をつけ、起訴以前の逮捕者は「肩書」か「容疑者」をつける②被告人については起訴後、公判段階は「被告」とし、場合によっては「肩書」も使用する――とした。

こうした先駆的な動きは一九八四年末、全面的に拡大した。毎日新聞社は一一月一日、事件・事故報道で「人権に配慮して」被疑者の呼び捨てを廃止した。一一月二七日付朝刊には「呼び捨て廃止一カ月」の特集を掲載、「捜査当局に逮捕されたり、指名手配された被疑者の氏名のあとに法律的立場を示す『容疑者』の呼称をつけ、場合によっては肩書や職業を使い分けたり、併用もします」とした。その理由として①逮捕された段階で被疑者は呼び捨てなのに、起訴されて裁判段階になると『被告』を付け、一貫性がない②法律的には有罪判決が確定するまでは無罪の推定を受ける——という二点を挙げている。朝日、読売両新聞社や共同通信社なども一二月一日付朝刊から、そろって容疑者呼称に踏み切った。

当時、社会部で議論の末端に参加した筆者の記憶では、呼び捨て報道の背景に、社会正義の実現を標榜するメディアとして、捜査官と同じような、犯罪者を断罪する皮膚感覚があったことを否定できない。実質的な裏付けとしては、さらに、起訴された被疑者は刑事裁判の結果、九九%が有罪確定で終わっており、逮捕イコール有罪のような書き方をしても違和感がなかったことも間違いない。容疑者呼称のスタートについて共同通信社の編集幹部は部外秘の『編集週報』一二月二日号に「わが国ジャーナリズムの犯罪報道は『報道と人権』で新しい局面に入った」と記している。それまでの〝弾劾的犯罪報道〟からの脱皮が、ここから始まったともいえるだろうが、ただ、それはメディアの免罪符のように使われ、「容疑者という言葉さえつければいい」とする形式的な受け止め方に流れていく危険性があることに、まだ多くの記者らは気づいてはいなかった。

（5）匿名報道

日弁連は一九八七年一一月の人権擁護大会で「人権と報道に関する宣言」を採択し、「報道される側の名誉・プライバシー等を十分に配慮し、行き過ぎた取材および報道をしないこと」と「犯罪報道においては、捜査情報への安易な依存をやめ、報道の要旨《ママ》を慎重に判断し、客観的かつ公正な報道を行うとともに、原則匿名報道の実現に向けて匿名の範囲を拡大すること」の二点を呼び掛けた。

しかし、新聞各社は実名報道の原則を崩していない。例えば、読売新聞社は『「人権」報道――書かれる立場書く立場』（中央公論新社、二〇〇三年）で「容疑者の特定は犯罪ニュースの基本的要素であり、犯罪事実などと並んで公共の重要な関心事であるから、原則的に『匿名化』という加工を施す必要はない」（同書一五二頁）と説明した。実名報道の根拠としては①捜査機関の権力行使が適正に行われているかどうかをチェックし、メディアによる後々の検証も容易にする②安易に匿名化への流れを受け入れると、捜査当局の恣意的な情報操作までも可能にしてしまう――などが挙げられている。同書は「無罪推定原則からメディアが学ぶべきは、匿名への変更ではなく、犯人視報道の排除であろう」という。

筆者も基本的には実名報道であるべきだと考える。個人情報保護法が施行された後、別に隠す理由もない個人情報でも中央官庁や地方自治体、警察などが出さない事態が生まれている。報道の仕事は不思議なもので、匿名でよいとなると、取材の過程で事実をきちんと詰めなかったり、最初から匿名のまま確認もせずに記事を作ったりすることをしかねない。それが記事の捏造になってしまう心配すらある。匿名化は、まず客観的事実を確認した後に、はじめて検討する作業であることを忘れてはいけない。しかし、万引きなどの軽微な事件については、報道によって被疑者が失業したり、家族が就職できなくなったりするような過剰な社会的制裁を加えないよう、もっと配慮してしかるべきだろう。

（6）集団的過熱取材

最近、法曹の間でメディア批判が急速に強まっている。特に、これまで刑事弁護を熱心に行ってきた弁護士の中で、報道の現状に対する批判が強く感じられる。

東京弁護士会の人権擁護委員会「報道と人権部会」は一九八七年三月のシンポジウムで「写真週刊誌——取材される側の権利（案）」と題する提言を配布した。少し要約して紹介すると、いかなる個人であっても①承諾なしにみだりに撮影されない権利とその写真を報道されない権利②過去の犯罪や事故等の事実で、それが既に過去のものになっている場合、承諾なしにみだりに報道されない権利③家族・近親者の犯罪に関し、承諾なしにみだりに住所・氏名等を報道されない権利④少年・精神障害者の犯罪等に関し、本人・家族の氏名・年齢・職業・住居・写真等を報道されない権利⑤子・配偶者・両親の遺体をみだりに撮影・報道されない権利⑥写真報道につき、誤認を生ぜしめるような解説、見出しを付されない権利⑦名誉棄損等に関する報道について、反対取材や反論を求める権利⑧その他、事前の差し止め、訂正・謝罪、損害賠償を求める権利——を主張できるとしている。その後、同じ趣旨の発言が、いろいろなところで聞かれる。報道に対する世間の目は、厳しさを増していると感じる。

新聞協会は二〇〇一年一二月、「集団的過熱取材に関する新聞協会編集委員会の見解」を公表した。集団的過熱取材（メディア・スクラム）とは「大きな事件、事故の当事者やその関係者のもとへ多数のメディアが殺到することで、当事者や関係者のプライバシーを不当に侵害し、社会生活を妨げ、あるいは多大な苦痛を与える状況を作り出してしまう取材」を言うとし、「この問題にメディアが自ら取り組み自主的に解決していくことが、報道の自由を守り、国民の『知る権利』に応えることにつながる」と述べた。この立場から、すべての取材者が最低限、順守しなければならないこととして次の三点を決めた。

① いやがる当事者や関係者を集団で強引に包囲した状態での取材は行うべきではない。相手が小学生や幼児の場合は、取材方法に特段の配慮を要する。

② 通夜葬儀、遺体搬送などを取材する場合、遺族や関係者の心情を踏みにじらないよう十分配慮するととも

に、服装や態度などにも留意する。

③　住宅街や学校、病院など、静穏が求められる場所における取材では、取材車の駐車方法も含め、近隣の交通や静穏を阻害しないよう留意する。

不幸にして集団的過熱取材の状態が発生してしまった場合、メディア側は次のような措置をとる。

①　調整は一義的には現場レベルで行い、各現場の記者らで組織している記者クラブや、各社のその地域における取材責任者で構成する支局長会などが、その役割を担う。

②　現場レベルで解決策が見いだせない場合に備え、中央レベルでも、調整機能や一定の裁定権限を持った各社の横断的組織を、新聞協会編集委員会の下部機関として設ける。

ここで重要なのは、取材をめぐる諸問題は現地の報道責任者組織が解決に当たる現場主義が原則とされたことだ。そして、それではらちが明かないとき、新聞協会の「編集委員会の下部機関」が解決に当たるという二重構造がつくられ、それは、北朝鮮から帰国した拉致被害者の取材などの際に機能している。

民放連も二〇〇一年一二月、「集団的過熱取材への対応について」を公表、新聞協会とほぼ同じ内容の「取材上の留意点」などを決めた。「全てのメディアが一致して取り組まなければ、実効性がないことから、新聞界、雑誌界などとの連携を図っていきたい」と述べている。在京テレビ五局の報道局次長クラスで構成する報道問題研究部会を被害防止、問題解決の窓口とした。

集団的過熱取材が生まれる遠因は、ワイヤー・サービスとの未分離に求められるだろう。各社の報道がワイヤー・サービスと分離されれば集団的過熱取材は少なくなる。これは通信社の基盤が弱いこととも関係はあるだろうし、また、日本の報道そのものが、まだ成熟していないことを示しているのかもしれない。記者クラブへの依存など、日本のマス・メディアが培ってきた取材方法の特異性も関係していそうだ。

筆者が事件・事故の取材ルールのことを真剣に考えさせられるようになったのは、約二〇年前、いとこの娘が無残に殺された衝撃的な事件が大きなきっかけだった。朝のワイドショー番組が人気を集め始めたころだったせいもあり、テレビ各局の中継車がマンションの駐車場に何台も駐車したまま、遺体が自宅へ戻る様子や通夜、葬儀の状況などまでが中継された。職業柄、メディア関係の仕切り役をしなければならないと考え、各社に集まってもらって「両親に取材に応じてもらうように話をするので、無理な追い掛けはしないでほしい」と要請した。

ほとんどの記者は依頼に応じてくれたが、ある週刊誌のカメラマンは、来客があって部屋のドアが開いたすきに、両親らが悲しんでいる様子を撮影した。走って逃げるのを追い掛けて捕まえ、名刺とフィルムを出させた。しばらくすると上司が来て、丁重にわび、遺族らは不満ながらも受け入れたが、同じ仕事をしている立場からすると、大変恥ずかしい思いをした。

このような撮影は「取材」という名に値しない。子供を殺され、苦しみに必死に耐えている遺族が、何でまた、晒し者のような扱いを甘受しなければならないのか。このような取材、報道を放置しておけば、苦しむ被害者がまた生まれて、結局はメディアへの不信感が募るだけではないのか。そう思えた。

ようやく新聞協会、民放連などで申し合わせができ、かつて筆者が味わったような苦い思いをしなくてもすみそうな仕組みになった。最近は、一時のようなひどい状態は少なくなっている。しかし、秋田県で二〇〇六年に起きた連続児童殺害事件の取材では、狭い地域に一時期、約二〇〇人もの取材関係者が殺到、地元報道責任者が組織する秋田報道懇話会が何回申し合わせをしても捌きされず、大混乱する事態が見られた。二〇〇七年の一年間に関係者らの苦情を受けてメディア側が「節度ある取材」を申し合わせたケースは、福島県会津若松市の男子高校生による母親殺害事件、兵庫県加古川市の小学二年生女児刺殺事件、香川県坂出市の祖母・姉妹殺害事件、長崎県佐世保市の散弾銃乱射事件の四件があった。新聞協会への報告によると、地元の記者は節度を守っているが、東京などから来たテレビクルー、フリーの記者らに申し合わせの趣旨が徹底されていないのだという。

海外取材では新しい問題が起きている。例えば、ロサンゼルス銃撃事件で無罪判決が確定した元社長が二〇〇八年二月、アメリカの自治領サイパンで逮捕された事件では、日本から約一〇〇人もの報道陣が押し掛け、判事が「職員の邪魔をしたら、逮捕もあり得る」と異例の警告をする状況が生まれた。一部の社のカメラマンが裁判所職員の制止を無視して元社長の前に飛び出したことから、混乱が起き、警備担当の職員が負傷する事態になった。海外で集団的過熱取材が起きたら、どう対応するのか、解決手段を早く見つけないといけない。

新聞協会が表明した見解と、その実施措置には限界がある。また、実施措置の仕組みが記者クラブ制度を前提にしている点で批判もある。メディアがさらに検討を深め、実効ある措置をとっていきたい。

(7) 報道被害

人権派として知られる梓澤和幸弁護士は報道被害を「テレビ、新聞、雑誌などの報道によって伝えられた人々がその名誉を毀損されたり、プライバシーを侵害される人権侵害のことで、生活破壊、近隣や友人からの孤立をもたらすもの」と定義した(梓澤和幸『報道被害』[岩波新書、二〇〇七年]二二頁)。そして、それが「被害者の内面にもたらす衝撃と波紋の大きさ」を強調している。業務上横領容疑で警察に逮捕された男性は嫌疑が晴れて不起訴になったが、逮捕が実名で報道された後は再就職ができず、婚約を破棄され、兄弟も就職内定を取り消されるなど、家族も含めて大きな被害を受けているという。

正義感を振りかざした報道が、予期せぬほど甚大な社会的制裁を招いてしまうことがある。筆者が社会部に転勤して来た当時のメディアは、そのような弊害にまったく無頓着だったが、最近では相当意識されるように変わってきており、取材と報道の両面で、記者たちの人権意識が高まってきていると感じる。

梓澤弁護士は「犯罪報道では、報道機関が、主たる取材源である警察から、過度の依存をやめて自律することが極めて重要」だとし、①公権力の行使を市民の監視にさらすため、逮捕された被疑者の氏名や被疑罪名などの捜査情報を、プライバシー侵害などの被害防止策を講じながら公開する②捜査情報を報じるときは被疑者側から必ずウラをとるなど、捜査情報を相対化する③犯罪報道記事では、その情報のもとになった情報が誰から提供されたものかを必ず明記する④政治家、高級公務員などの公人ではない一般市民が被疑者とされたとき、とくに逮捕から起訴までの事件報道は匿名にする⑤メディア業界とメディア各社は業界を横断する倫理綱領、各社ごとの報道指針を深化・発展させる⑥長年の蓄積によってつくられてきた情報構造はマス・メディアの自主改革だけでは変わっていかないので、市民が作り上げるインターネット新聞（オルタナティブ・メディア）の発展に期待したい——と六点にわたる提言をしている（同書一八六頁以下）。

被害者側の視点で見た場合、事件・事故・裁判の報道には期待感よりも失望感が大きいのだろうか。次に、まだ深化が足りないと批判されている倫理綱領、報道指針の現状を見てみよう。

第5．マス・メディアの倫理コード

（1）日本新聞協会「新聞倫理綱領」

新聞、通信、テレビ、ラジオ、出版、広告などメディア各団体は倫理綱領のような形で、それぞれの団体の憲法に相当する基本原則を定めている。

新聞協会は一九四六年七月、全国の新聞、通信、放送各社が創立した。社団法人の組織であり、二〇〇八年九月現在の会員数は新聞社一〇九、通信社四、放送局二七（ラジオ局四、テレビ局一七、ラジオ局とテレビ局の両方を兼ねる放送局六）の計一四〇社。新聞協会という名称から新聞社だけの組織と思われがちだが、実態はプリント、放送の両方の組織で構成されている。

論調や事業はあくまで各社の自由であり、新聞協会は新聞倫理の向上と新聞教育の普及、会員共通の利益の擁護を目的としている。事務局には、事務処理と調査研究活動に当たる約一二〇人の専属スタッフがいる。

旧新聞倫理綱領は一九四六年に制定された。二〇〇〇年六月に改訂（巻末資料参照）され、「国民の『知る権利』は民主主義社会をささえる普遍の原理である。この権利は、言論・表現の自由のもと、高い倫理意識を備え、あらゆる権力から独立したメディアが存在して初めて保障される。新聞はそれにもっともふさわしい担い手であり続けたい」と述べている。この立場に立って①自由と責任②正確と公正③独立と寛容④人権の尊重⑤品格と節度――という五項目を掲げ、例えば「人権の尊重」では「新聞は人間の尊厳に最高の敬意を払い、個人の名誉を重んじプライバシーに配慮する。報道を誤ったときはすみやかに訂正し、正当な理由もなく相手の名誉を傷つけたと判断したときは、反論の機会を提供するなど、適切な措置を講じる」としている。新しい綱領では、国民の「知る権利」を明記したほか、新たに「人権の尊重」を独立の項目としたのが特徴だ。メディアを取り巻く環境が格段に違っていることを、問わず語りに認めているといえるだろう。

（2）放送倫理基本綱領

民放連とＮＨＫは一九九六年九月、「放送倫理基本綱領」（巻末資料参照）を制定した。放送メディアの憲法と呼んでよく、民間放送か、公共放送かを問わず、「各放送局の放送基準の根本にある理念を確認し、放送に期待されている使命を達成する決意を新たにするため」に定めたとしている。放送の基本理念は「民主主義の精神にのっとり、放送の公共性を重んじ、法と秩序を守り、基本的人権を尊重し、国民の知る権利に応えて、言論・表現の自由を守る」ことだと記し、「報道は、事実を客観的かつ正確、公平に伝え、真実に迫るために最善の努力を傾けなければならない。放送人は、放送に対する視聴者・国民の信頼を得るために、何者にも侵されない自主的・自律的な姿勢を堅持し、取材・制作の過程を適正に保つことにつとめる」と宣言している。これを踏まえ、NHKと民放連はそれぞれ独自の放送基準を定めた。

NHKは放送法の規定に基づき、全国に放送を普及させ、豊かで良い番組による放送を行うことなどを目的として一九五〇年に設立された。いわゆる特殊法人であり、業務運営については、予算の承認や経営委員の任命などに関し、国会を中心とする公共的規制がある。

NHKが一九五九年七月に制定し、最近では一九九八年五月に改正した「国内番組基準」は、各論部分が「放送番組一般の基準」と「各種放送番組の基準」の二つの章に分かれ、第一章「放送番組一般の基準」の第五項「論争・裁判」が以下の二点を掲げている。

①　意見が対立している公共の問題については、できるだけ多くの角度から論点を明らかにし、公平に取り扱う。

②　現在、裁判にかかっている事件については、正しい法的措置を妨げるような取り扱いをしない。

また、第一〇項「犯罪」では、「犯罪については、法律を尊重し、犯人を魅力的に表現したり、犯罪行為を是認するような取り扱いはしない」「犯罪の手段や経過などについては、必要以上に詳細な描写をしない」などと四点にわたる指摘がある。第二章第五項の「報道番組」では「ニュースの中に特定の意見をはさむときは、事実と意見とが明らかに区別されるように表現する」「ニュース解説または論評は、ニュースと明確に区別されるように取り扱う」などとしている。

民放連はテレビ、ラジオ、ＦＭ放送など民放事業者を会員とする社団法人で、一九五二年四月、電波監理委員会から公益法人の許可を受け、発足した。二〇〇八年四月時点の会員社数は二〇一を数える。一九九七年六月、「報道指針」を制定、二〇〇三年二月、新しい規定を追加し、五項目について報道姿勢を明らかにした。基本となるのは次の三点だ。

①　予断を排し、事実をありのまま伝える。未確認の情報は未確認であることを明示する。

②　公平な報道は、報道活動に従事する放送人が常に公平を意識し、努力することによってしか達成できない。取材・報道対象の選択から伝え方まで、できるだけ多様な意見を考慮し、多角的な報道を心掛ける。

③　情報の発信源は明示することが基本である。ただし、情報の提供者を保護するなどの目的で情報源を秘匿しなければならない場合、これを貫くことは放送人の基本的倫理である。

「人権の尊重」の項目では次の五つを宣言した。

①　名誉、プライバシー、肖像権を尊重する。

②　人種・性別・職業・境遇・信条などによるあらゆる差別を排除し、人間ひとりひとりの人格を重んじる。

③　犯罪報道にあたっては、無罪推定の原則を尊重し、被疑者側の主張にも耳を傾ける。取材される側に一方的な社会的制裁を加える報道は避ける。

④　取材対象となった人の痛み、苦悩に心を配る。事件・事故・災害の被害者、家族、関係者に対し、節度をもった姿勢で接する。集団的過熱取材による被害の発生は避けなければならない。

⑤　報道活動が、報道被害を生み出すことがあってはならないが、万一、報道により人権侵害があったことが

確認された場合には、すみやかに被害救済の手段を講じる。

(3) 日本雑誌協会「雑誌倫理綱領」

雑協は、雑誌の出版を通じて文化の発展を期するため、出版倫理の向上を図るとともに、雑誌共通の利益を擁護することを目的として、一九五六年一二月、社団法人の認可を受けた。二〇〇八年八月時点の会員は雑誌出版社九六社。会員社の雑誌発行部数は全雑誌発行部数の約八〇%を占める。

一九六三年制定・九七年改訂の「雑誌編集倫理綱領」(巻末資料参照)は、編集倫理向上の指標として五つを掲げている。第一は「言論・報道の自由」であり、「雑誌編集者は、完全な言論の自由、表現の自由を有する」と述べる。第二は「人権と名誉の尊重」で、①真実を正確に伝え、記事に採り上げられた人の名誉やプライバシーをみだりに損なうような内容であってはならない②社会的弱者については十分な配慮を必要とする③人種・民族・宗教等に関する偏見や、門地・出自・性・職業・疾患等に関する差別を、温存・助長するような表現はあってはならない——としている。第三が「法の尊重」であり、①法及びその執行に対する批判は自由に行われる②未成年者の扱いは十分慎重でなければならない③記事の作成に当たっては、著作権等に関する諸権利を尊重する——と記している。第四は「社会風俗」。「犯罪・事故報道における被疑者や被害者の扱いには十分注意する」とする。第五には「品位」を掲げている。

第6. マス・メディアの責任

(1) 報道被害の救済機関

メディア法学者の山田健太・専修大学准教授は二〇〇四年の時点で機能している救済制度を概略以下のように

まとめている（山田健太『法とジャーナリズム』［学陽書房、二〇〇四年］三三七頁以下）。

▽司法による救済

・刑事：刑事罰（名誉棄損、侮辱、信用毀損）

・民事：損害賠償、原状回復措置（謝罪広告、訂正放送）、事前差し止め

▽行政による救済

・法務省人権擁護局・人権擁護委員制度

・総務庁行政相談・行政苦情救済制度

▽業界の自主的救済

・主要メディア：報道関係者責任者会（主に集団的過熱取材への対応）

・放送：民放・ＮＨＫによる「放送倫理・番組向上機構（ＢＰＯ）」の運営

・広告：日本広告審査機構（ＪＡＲＯ）の運営

・新聞：新聞各社の外部監視制度（第三者機関的な苦情対応組織）の新設・拡充

・雑誌：雑誌協会　雑誌人権ボックス（苦情受付窓口）

出版各社の全社的な苦情対応　チェック機構の新設

・インターネット：接続サービス契約に基づくプロバイダー（接続業者）の自主規制

▽民間・当事者の救済

・第三者によるもの：弁護士会活動（人権擁護委員会活動、犯罪被害救済弁護士ネットワーク）、ＮＧＯ活動、市民運動、労働組合による苦情相談窓口

・当事者によるもの：糾弾活動、当事者間交渉

山田准教授によると、現在行われている自主規制システムと倫理規定は六つのカテゴリーに分けられる。第一の「業界事前チェックシステム」では、映画・ビデオ業界の映倫管理委員会やビデオ倫理協議会などがある。第二の「社内事前チェックシステム」には、取材報道ガイドラインの作成と社員研修などが挙げられている。第三の「社内事後チェックシステム」としては審査セクション（考査、記事審査）、法務セクション（顧問弁護士）などが該当し、その基礎には各社ごとの明文化されたルールがあるのが一般的(例えば読売新聞社の記者行動要領、日本テレビの報道ガイドライン)。第四の「社別苦情等対応窓口」に読者応答室、視聴者センターなど、第五の「社別外部監査システム」には有識者の紙面批評、読者モニター、放送の番組審査会などがある。第六の「業界事後チェックシステム」には、広告業界のＪＡＲＯなどが例示されている。

ＮＨＫと民放連は、「放送倫理・番組向上機構（放送倫理機構）」（ＢＰＯ）を設けている。その下部組織として、取材・編集・放送・権利侵害などに関する一般からの申し立てを受け、審理をするとともに仲介、斡旋による解決を図る「放送と人権等権利に関する委員会（略称・放送人権委員会）」を置いている。

ＢＰＯの前身は一九六五年に設立された「放送番組向上委員会」だった。その後、一九九七年に「放送と人権等権利に関する委員会機構（ＢＲＯ）」が設立され、ＢＲＯの下につくられた、学者や弁護士ら第三者からなる「放送と人権等権利に関する委員会（ＢＲＣ）」が、ニュースや番組などによる名誉・プライバシーの侵害からの救済に当たった。ＢＲＣは視聴者の訴えを受けて放送内容を点検し、妥当な放送ではないと判断した場合は訂正放送を勧告するなどした。ＢＲＯは二〇〇三年七月、ＢＰＯに統合され、ＢＲＣも「放送人権委員会」に姿を変えて、活動を継続している。

雑協にも苦情への対応機関ができた。一九九七年改定の倫理綱領は「雑誌編集者は完全な言論・表現の自由を有する」とするとともに、「個人及び団体の名誉は他の基本的人権とひとしく尊重され擁護されるべきものである」と述べている。この倫理規定を踏まえ、二〇〇三年三月、「雑誌人権ボックス（ＭＲＢ）」が設立され、各雑誌記事についての人権上の異議・苦情を受け付ける窓口が設けられた。記事に書かれた当事者からの申し立てがあれば、発行元の各社が誠意ある対応をすることになっている。

（２）新聞・通信各社の第三者委員会

名誉棄損、プライバシー侵害などの批判が集まる事態を受け、新聞・通信各社では、外部の有識者を委員に招いて意見を聴く第三者委員会が二〇〇〇年以降、続々誕生した。筆者もマス倫懇の「メディアと公共性研究会」委員をしていた一九九九年当時、共同通信社編集局幹部に意見書を提出し、具体的な組織図も添えて、第三者委員会の創設を求めたことがある。しかし、このような機関は各社とも例がなく、どのような権限を持たせるべきかなどについて、なかなか社内の意見がまとまらなかった。

最初に第三者委員会を立ち上げたのは毎日新聞社だった。「『開かれた新聞』委員会」が発足した二〇〇〇年一〇月、朝刊に掲載された社告は「報道による名誉、プライバシーなどに関する人権侵害だとして当事者から寄せられた苦情、意見の内容と本社側の対応を委員に開示する」と述べていた。委員会の位置付けは、編集局から独立した主筆直轄の組織であり、委員は報道をチェックする「オンブズマン」とされた。

朝日新聞社は二〇〇一年一月、「報道と人権委員会」を設けたが、毎日新聞社とは違って「名誉棄損、プライバシー侵害、差別などの人権問題が生じた場合の救済を図る」ことを社告に明記した。救済機能という強い権限を持たせたのが特色だ。

読売新聞社の第三者委員会は二〇〇一年四月に発足したが、「新聞のあり方について提言を求める」（同日付社告）と位置付けられ、三人の委員は「顧問」という立場だ。

共同通信社の「報道と読者」委員会は二〇〇一年六月に発足した。通信社の特性から、まず素案を出して加盟新聞社の意見を聞き、それを集約して修正していく必要があり、いつものことながら〝走りだすのは早いが、始めるのは遅い〟結果になった。委員会は社長への提言機関と位置付けられたが、筆者が提案した幅広い救済機能は持たせられなかった。加盟社でも第三者委員会の設立が続き、新聞協会の調査では二〇〇八年五月の時点で新聞・通信の三八社に上っている。

一口に第三者委員会といっても、意図するところはさまざまなように思われる。二〇〇〇年前後は個人情報保護法案、人権擁護法案など政府によるメディア規制の考え方が打ち出されてきており、メディア側は、それをなんとか回避しようと腐心していた。形だけつくればよいというような感じがする社もあるのは、そうした事情が反映している。

このようなメディアの最近の動きを背景に、裁判員法案や改正刑事訴訟法案は議論された。刑事裁判への国民参加との関係で、事件・事故・裁判の報道について何が問題とされ、法規制の対象とすべきだという主張が行われたのか。その記述に移る前に、報道の在るべき姿を考えるための参考として、陪審制度や参審制度を実施している諸外国では、これらの報道はどのように行われているのか、について見ておきたい。

主な新聞・通信社の「第三者機関」（2001年当時）

社名	朝日新聞社	毎日新聞社	読売新聞社	共同通信社
機関名	報道と人権委員会（ＰＲＣ）	「開かれた新聞」委員会	「新聞監査委員会」顧問	「報道と読者」委員会
設立	2001.1.1	2000.10.14	2001.4.1	2001.6.1
位置付け	社長直属	主筆直轄（編集局から独立）	社長直属	社長への提言機関
委員構成	法律実務家　1 ジャーナリスト　1 学者　1	法律実務家　1 ジャーナリスト　1 学者　1	法律実務家　1 団体・公務員　1 学者　1	法律実務家　1 ジャーナリスト　1 学者　1
目的	・報道の自由を守る ・名誉毀損・プライバシー侵害・差別の救済 ・報道と人権への意見具申	・紙面を充実、読者の信頼に応える ・名誉、プライバシーなど人権侵害の苦情を委員に開示 ・21世紀のメディア提言	第三者の目で信頼される新聞を目指す	報道の質の向上を図り、信頼性と透明性を高める
被害救済	あり（審理結果を「見解」として公表）	あり（人権侵害についての委員による検証。社の見解を紙面に掲載）	なし（苦情は各部、法務で対応）	あり（検証記事による名誉の回復）
結果の公表	「見解」は申立人が了承の上、紙誌面で公表	結果は紙面で公開	その都度判断し決定	加盟新聞社への配信記事などで公表
対象メディア	同社発行の新聞、雑誌、インターネットなどの報道	新聞本紙記事が原則	新聞本紙のみ	ニュース一般
対象者	個人に限定（公人は除く）	個人に限定（公人は除く）		原則として個人

（注）日本新聞協会の資料などを基に筆者が作成

第3節　海外諸国の裁判報道

第1．陪審制度の国々

（1）アメリカ

1．憲法修正第一条

アメリカの陪審制度は、法律の専門家ではない一般の人々の中から裁判に参加させる陪審員を選び、その意見を判決に反映させる制度をいう。陪審には、正式な起訴を決定する「大陪審（grand jury）」と、民事・刑事の審判で与えられた事実問題に対して証拠に基づき評決をする「小陪審（petty jury）」があり、通常、「陪審」と呼ばれるのは小陪審のことだ。

刑事事件の陪審は、基本的に一二人の市民が陪審員となる。評決は原則として全員一致でなければならず、陪審が有罪と評決すれば、アメリカの多くの州では、裁判官が量刑を言い渡す。陪審員は一件の審理だけを担当し、評決が済めば任務は終わる。

アメリカは憲法が修正第一条で「連邦議会は、国教の樹立を規定し、もしくは信教上の自由な行為を禁止する法律、また言論および出版の自由を制限し、または人民の平穏に集会をし、また苦痛時の救済に関し政府に対して請願をする権利を侵す法律を制定することはできない」と、冒頭に「言論・出版の自由」をうたうメディア大国だ。しかし、この修正第一条は「アメリカ憲法のなかで、解釈が最も困難な条項のひとつ」（飛田茂雄『アメリカ合衆国憲法を英文で読む』［中公新書、一九九八年］一八頁）だというから面白い。書き出しの Congress shall make no law respecting an establishment of religion に至っては、一〇通りもの邦訳があるほど多義的で不透明な内容を含んでいると飛田氏は言うが、Congress（連邦議会）が the freedom of speech ,or of the press（言論または出版の自由）を制約する法律を作ってはならないと宣言していることは間違いがない。

このような国だから、市民から無作為抽出で選ばれた陪審員がメディアによって事件について影響を受けることがあるとしても、直ちにメディアを法的に縛るような手段は採られていない。検察側と弁護側が陪審員の身辺調査を入念に行い、さらに陪審員を選任する手続の中で丹念に質問を重ねることによって、予断を持ったと思われる人は排除することが想定されている。つまり、報道の影響があるとしても、それは報道の側を規制することによって影響を遮断するのではなく、陪審員の側から影響の排除を考える〝逆の発想〟で解決する方法を選択していると言えるだろう。

有名なプロ・フットボール選手、Ｏ・Ｊ・シンプソンの妻殺害事件裁判を調査した四宮啓弁護士は陪審に対するメディアの影響を二つの面から論じている。一つは陪審員への報道の影響であり、もう一つは裁判のテレビ中継だ。四宮弁護士は、アメリカでは「原則として規制のない事件報道、裁判報道」が行われているが、「報道からの影響を排除するさまざまな仕組みがある」として、①マスコミの影響を受けた人は排除する陪審員選定手続が行われている②裁判官が陪審員に必ず「事件に関する新聞、テレビ、ラジオその他の報道には一切接してはなりません」と、その影響を排除する「説示」がある③シンプソン裁判のような報道が過熱する事件では、法廷での審理が終わると、陪審員をホテルに隔離する——という三つの方策を挙げる（四宮啓『Ｏ・Ｊ・シンプソンはなぜ無罪になったか』［現代人文社、一九九七年］一一〇頁以下）。実際、この事件では、ラジオで交通情報を聞いたり、新聞のスポーツ欄を読んだりした人らが陪審員選任手続のときに除外されたという。

四宮弁護士によると、テレビ報道は連邦裁判所では禁止されているが、州の裁判所では法廷にテレビカメラを入れるかどうかは個々の裁判官の裁量に委ねられている。シンプソン裁判ではほとんどの手続が裁判官から許可され、テレビで報道された。カリフォルニア州裁判官協会は一九九六年、「裁判のテレビ報道は教育的効果も大きく、一律に禁止するべきではない」という報告をまとめたという。

しかし、報道が行き過ぎだという世論もあり、その後のカリフォルニア州では、陪審員や元陪審員が裁判終了後九〇日以内に自らの経験を書くことで報酬を受け取ることを刑事犯罪とするなど、裁判関係の取材の一部を制限する、いくつかの法案が成立した。テレビ報道を不許可にするケースも見られるようになった。四宮弁護士は「シンプソン報道がマスコミの悪い面を示したことは疑いがない」としながらも、「陪審制度という理由だけから報道を規制しようという考えもこの国にはないし、一般的にいって、その規制がないことが公正な裁判を阻害しているということもない」（同書一一五頁）と述べている。

筆者が二〇〇〇年一〇月、サンフランシスコ市の裁判所で陪審員の選任手続を見学したとき、「あなたの肉親で同じような事件を起こし、起訴された人はいますか」などと、まるで親戚調査もするかのように、実にさまざまな角度から裁判官が陪審員候補者に質問を浴びせていた。一二人の陪審員を選ぶのに、大広間では二〇〇人を超える候補者たちが待機しており、これでは陪審員選びに何ヶ月もかかるのも、もっともだと感じた。

アメリカには「陪審コンサルタント」という仕事がある。有利な陪審員をどう選んだらいいか、などについて相談に乗る仕事だ。話を聴いた陪審コンサルタントはロースクール（法科大学院）の教授で、いかに陪審員選びが重要か、説明してくれた。大事件が起きて、新聞、テレビが洪水のような報道をするとき、裁判所は、その影響を回避するため、事件が起きた地域と異なる場所に裁判地を変更する措置をとったりする。これらの仕組みも、メディア側を規制するのではなく、陪審員の側から対策を講じる発想のあらわれだといえるのではないか。

２．接触禁止命令

アメリカでは裁判官の法廷指揮権に基づき、「ギャグ・オーダー（Gag order、箝口命令）」と呼ばれる命令が出されることがある。ギャグ（Gag）というのは馬の口にかます「猿ぐつわ」を意味しており、ギャグ・オーダーがかけられると、その事件の裁判関係者は外部との接触、発言を禁じられる。これを破れば、法廷侮辱とみなされて裁判官から刑事罰が科されることもある。

共同通信社が二〇〇八年一月に配信した連載企画「攻防――メディアと司法」でニューヨーク支局の特派員は「メディアの影響を何とか〝排除〟しようと裁判所による取材制限の例が増えており、憲法修正一条に定めた『報道の自由』を侵害するとの懸念が出ている」と報じている。二〇〇三年四月、カリフォルニア州で行方不明になった妊娠中の妻と胎児の遺体が別々に見つかり、夫のパターソン被疑者が殺人容疑で逮捕されるという猟奇的な「スコット・パターソン事件」が「陪審裁判とメディアの関係を大きく変えた」と書いている。

この事件を、メディアは連日、大きく報道した。二〇〇四年六月に始まった裁判報道も過熱し、弁護側は「このままでは公正な裁判が期待できない」と抗議、裁判長は「公正かつ偏見のない陪審員をそろえるのは裁判所の責務だ」として、異例ともいえる陪審員候補者や証人の名簿公開禁止に踏み切った。被告人は一貫して無罪を主張したが、陪審は同年一一月、有罪を評決、翌年三月に死刑を言い渡した。共同電は次のように報じた。

「この裁判以降、アメリカでは陪審選定手続の取材制限などが目立ち始めた。特に大きな議論を呼んだのが、子どもに対する性的虐待容疑に問われた人気歌手マイケル・ジャクソン被告の裁判で出されたメディアとの接触禁止命令だ。この裁判では二〇〇四年一月、起訴前の罪状認否の取材に早くも全世界から一〇〇以上のメディアが押しかけ、検察側が裁判所に『特に公正な』裁判を行うよう要請、裁判長が被告本人ら関係者にメディアとの接触を禁じる命令を出した。メディア側は『報道の自由の侵害』と猛反発したが、接触禁止命令は公正な裁判を維持するためとして一般的になりつつある」

この記事では、非営利団体「修正一条センター」の弁護士の言葉を引用し、「憲法を侵害するにもかかわらず、裁判所はメディア操作のために接触禁止命令を安易に用いがちだ」と警鐘を鳴らしている。

3．州のガイドライン

アメリカは各州が寄り集まってつくっている連邦制国家だから、州の事情をよく見ないと確かなことは言えない。陪審裁判とメディアの関係についても、さまざまな方式が見られる。確かに連邦レベルでは、陪審裁判に深刻な影響を及ぼすような報道についてメディアへの法的規制はないが、オレゴン州、ワシントン州などでは、公正な裁判の実現に向けて地元の報道機関と司法関係者が紳士協定的なガイドラインを定めている。

オレゴン州では一九六二年、法曹協会、新聞発行人協会、放送協会の評議会が設立され、「公平な裁判を受ける権利と報道の自由をともに維持する必要性は、責任ある司法とジャーナリズムに携わるメンバーにとって、また国民にとっても大きな関心事である。これらの権利は時として互いに対立することがある。この対立を緩和するためにオレゴン州法曹協会、オレゴン新聞発行人協会、オレゴン放送協会は、原則の提言を採択した」と述べ、法律家、新聞社、テレビ・ラジオ局に共通する原則を公表した。そして以下の各項目について「公判前に公開したり、報道したりすることは不穏当」としている。

① 犯行を認めたことや自白の内容あるいは自白したという事実

② 逮捕された人の性格や有罪・無罪に関する意見

③　事件の証拠や争点に関する意見
④　証言予定の証人あるいは予想される証言の真実性に関する声明
⑤　指紋、ポリグラフ検査、精神鑑定、弾道検査、化学検査などの結果
⑥　捜査中の押収物の正確な内容
⑦　前科・前歴
⑧　同一事件の以前の司法手続で排除された証拠の詳細

ワシントン州では、裁判所、法曹協会、プレス委員会が合意した原則（二〇〇五年更新）があり、「公開裁判と公平な裁判の実現のために責任を分担している。それぞれが、独自の役割を持ち、互いにそれを尊重すべきだが、それぞれが自らの判断を他に強制してはならない。陪審制度は、国民が大きな関心を持ち、メディアによって広く報道された事件においても、偏見を持たない陪審員を選任することができるシステムである」と述べている。この基本的立場を踏まえ、「法執行機関の要員、裁判所、弁護士によるある種の情報の発表や、メディアによるある種の報道は、適切な法執行にならないだけでなく、国民の知る権利にも奉仕せず、一般的に偏見の危険を生む傾向にある」として、次の各項目に注意するよう促している。

①　被告人の性格、有罪・無罪に関する意見
②　犯行を認めたこと、自白内容または被告の主張する陳述の内容、アリバイ
③　捜査手続で得られた結果（例えば指紋、ポリグラフ検査、科学検査など）
④　証言予定の証人あるいは予想される証言の信頼性に関する声明
⑤　証拠や争点に関する意見

オレゴン州の紳士協定とかなりの部分が重複している。

4．ワシントン・ポストのスタイルブック

ニクソン政権の腐敗を暴いたウォーターゲート事件報道で有名なアメリカの代表的新聞社の一つ、ワシントン・ポストは一九七八年、『スタイルブック（The Washington Post Deskbook on Style）』を刊行した。英語で言うスタイルブックはファッション関係の本というだけではなく、新聞社や出版社の記事の作成、編集、印刷についての規範を示す手引き書も意味する。アメリカの報道機関が作っているスタイルブックには、日本の新聞社、テレビ局の「記者ハンドブック」とよく似た内容が盛り込まれているが、ワシントン・ポストのものはスタイルブックとしては内容の質、量ともに群を抜いている。例えば、ニューヨーク・タイムズに比べれば、ページ数は倍近くになる。

同書の第一章「基準と倫理」でベンジャミン・ブラッドリー編集主幹は、まず「利害の抵触」から説き起こす。「公正な報道・編集能力を曲げる、あるいは曲げるように思える、いかなる種類の主義主張——政治、社会問題、社会活動、デモ行為——に積極的に参加することを避ける」と報道機関としての不偏不党性、独立性を強調し、記者の役割は「歴史を作るのではなく、歴史を報道することに徹する」ことだと述べている。

第二章は「新聞の法律と公正さ」であり、クリストファー・リトル法律顧問がA節「名誉棄損」、B節「プライバシーの侵害」などと節ごとにテーマを立て、注意すべきことを具体的に記している。特に、C節で「公正な裁判と犯罪報道」について以下のように述べているのが興味深い（ロバート・ウェブ編、村田聖明訳『ワシントン・ポスト　記者ハンドブック』［ジャパン・タイムズ、一九八七年］一五〜一八頁）。

犯罪ニュースは慎重にかつ正確に報道し、被告人の権利に留意し、有罪・無罪の判断は裁判所にまかせるよう注意しなければならない。つぎの点には特に注意を要する。

①　被告人あるいは容疑者が有罪であることを記事や見出しで暗示したり、ほのめかしてはならない。

②　警察官、記者、検事に対する供述は自白（confession）ではない。被告人が法廷で有罪を認めたことを報道する場合以外は、自白という言葉は、見出し、記事のいずれにも使用してはならない。被告人の場合はstate（述べる）、relate（話す）、report（伝える）、explain（説明する）、elaborate（詳述する）などと表現する。admit（認める）、acknowledge（同）のような言葉さえも、使用を避けたい。

③　裁判報道は正確に審理を伝えねばならない。記者ならびに編集者は検察側と弁護人側を公平に報道しなければならない。

④　犯罪記事の中で身元について頭文字、住所、職場を報道する時は、厳密な正確さをもって報道しなければならない。犯罪記事で名前を挙げず、住所を漠然と書く時は、建物の全住民や近所の人びと、企業の従業員、施設の収容者などに《ママ》疑惑を受けないように留意する。

⑤　犯罪記事では、犯罪の手引き書として利用されるほど犯行方法を詳しく報道してはならない。

⑥　法律違反のかどで告発された人物に対して、できればその容疑に対して答弁する機会を与えるべきである。

⑦　容疑者の逮捕歴を犯罪記事の中で当然のこととして報道してはならない。しかしながら、前科が意味あるもので記事の興味を大きく増す場合もある。前科（処分についても述べたものでなければならない）は部長の了解を得て初めて記事に用いることができる。容疑者の履歴を公判直前に報道して裁判に予見を与えないよう、特に留意しなければならない。

⑧　被告人の公判に予見を与えるような写真の報道は避ける。被告人が手錠をかけられたり、髪の毛が乱れていたり、殴打されたり、廷吏によって両手を拘束されているなどの場面の写真は避けるべきである。しかし、逮捕時に警官や市民のはなばなしい活躍があった場合のように逮捕過程にニュース価値があれば、そのような写真は報道する。警察の顔写真を用いるときには、写真下部の容疑者名、番号などは取り除かなければならない。

⑨　原則として、犯罪容疑者の氏名は報道する。しかし、「傾向」「調査」記事の中で二、三の事件を選んで例とする場合、部長はそれらの名前を用いるべきかどうか——特に名前を用いないと記事にならないかどうか——を慎重に判断するべきである。

⑩　「殺人を犯したといわれる」という表現を使ったり、ある犯罪を殺人と断定することは、起訴があるまで待つべきである。殺人者といわれる人、殺害者といわれる人、絞殺者といわれる人でも、実際にはその行為が過失致死であったり、さらには正当防衛である場合もある。

⑪　殺人犯という表現（あるいは強姦者などの表現）は、有罪判決があり、控訴審が全部終わった後なら使っても構わない。しかし有罪判決後ですべての控訴審が終わるまでは、囚人は convicted murder（殺人の罪で有罪とされた）と表現し、控訴が行われた場合はその旨を述べなければならない。accused murderer（告訴された殺人犯）のような表現は使用してはならない。charged with murderer（殺人で起訴された）という表現に変えること。

この本が出版された当時、日本のメディアが行っていた議論を振り返ると、その力点はもっぱら、①報道の自由を貫き、市民が必要とする十分な情報提供をいかに提供していくか②事件・事故の報道による人権侵害をいかに防止するか③報道による被害の回復をいかに実現するか――という三点に集まっていたように思う。犯罪関係で言えば、被疑者・被告人について実名ではなく、匿名で報道をするかどうか、という点に関心が集約されていた。公正な裁判との関係で被疑者・被告人の権利をどう考えるかという面からではなく、報道する側の都合という面から論議されがちだった。そういう時期に、ワシントン・ポストが「公正な裁判」の観点から犯罪と裁判に関する報道について基本理念と具体的な方法論を提示していたことは大変重要な出来事だった。

ただし、スタイルブックに書かれた「公正な裁判と犯罪報道」の中身を個別に見ていくと、そのすべてが今日の日本でそのまま妥当するかどうか、疑問もある。例えば、「前科」について「記事の興味を大きく増す場合」は書いてもよいということなどもどうだろうか。前科掲載の基準が「興味」でよいのかとなると、不十分さを感じないわけにはいかない。

(2) イギリス

1．コモン・ロー

イギリスでも陪審裁判は民事事件と刑事事件の両方で行われてきたが、民事の陪審は激減し、名誉棄損事件以外はほとんど行われなくなっている。刑事の陪審は、一九三三年の制定法によって「大陪審（grand jury）」が廃止され、被疑者の起訴の当否を決めるための予備審査を、治安判事（magistrate）によって構成されるマジストレート・コートが行うことになった。マジストレート・コートは略式犯罪については陪審なしで裁判を行うが、正式起訴が相当と判断したときは、治安判事が全国各地の刑事法院（crown court）に正式起訴する。刑事法院は第一審の裁判を陪審付き（いわゆる「小陪審（petty jury）」）で行う。

イギリスでは、陪審の評決に重大な影響を与える報道を禁じている。被告人の起訴以前は、新聞やテレビの事件報道が盛んだが、起訴された後は刑罰の対象になり得るので、報道も慎重になる傾向があるようだ。コモン・ロー（Common Law）と呼ばれる判例法の蓄積があり、報道の制限はコモン・ローと、国会で一九八一年に制定された「裁判所侮辱法」（The Contempt of Court Act 1981）の二つを根拠に行われている。ブレンダ・スフリン氏の論文「陪審裁判と報道の自由」（鯰越溢弘編『陪審制度を巡る諸問題』［現代人文社、一九九七年］所収、三一一頁以下）によると、故意犯を対象とするコモン・ローの判例では、被告人への敵対感情（feeling of hostility）を呼び起こし、裁判官や陪審員の判断を誤らせる恐れが強い次の三つの報道は法廷侮辱にあたり、違法とされているという。

① 当該事件の被告人［・被疑者］の人格の論評
② 被告人によりなされた自白を暴露すること
③ 特定事件の評価に関するコメントまたは論評

この三類型の報道を違法とする考え方は、イギリスだけでなく、英連邦諸国などコモン・ローの多くの国々で基本的な原則とされているようだ。これを逆に言えば、これらの三点に抵触せず、中立的な事実に関する報道を行うならば、法的には深刻な問題はないということになる。つまり、被疑者・被告人を犯人視しない中立的で客観的な報道に徹することこそ重要になるといえるだろう。

2．裁判所侮辱法

裁判所侮辱法は、法廷侮辱の意図がなかった者に対しても責任を課すことを立法趣旨とする。裁判所は「裁判運営に対して偏見を与えるような重大な危険を避けるため必要であると思われる場合は、その裁判所がその目的のために必要と考える期間、その訴訟手続のいかなる記事、またはその訴訟手続のいかなる部分の公表も延期するように命令することができる」と、裁判所の命令による報道規制を定めている。裁判所侮辱罪の手続は、法務総裁（Attoney-General）の同意あるいは侮辱の対象とされた裁判所の申請で始まり、上級裁判所（控訴裁判所、高等法院、刑事法院、郡裁判所）は上限二年の禁固刑と罰金刑、下級裁判所（治安判事裁判所）は上限一カ月の禁固刑か罰金刑を科すことができる。規制の対象となるのは次の四点などだ。

①　被告人への敵対感情を呼び起こす傾向のある論評、特に被告人の過去の犯罪歴を暴く内容のもの

②　被告人が公判前に自白したという事実の報道

③　判決確定以前に、被告人の有罪・無罪について直接的、間接的にコメント、論評を加えること

④　被告人の写真の公表

イギリスはメディア規制が最も厳しいようだ。被疑者に対する逮捕状の発布あるいは正式起訴状の送達があると、その後は裁判が終了するまでの間、原則として事件に関する報道はピタッと止まることが多い。その原因は、強力な裁判所侮辱法にあると言える。

3．報道の現状

連載企画「攻防――メディアと司法」でロンドン支局の特派員は、一九九七年にパリで悲劇的な死を遂げたダイアナ元皇太子妃の裁判を取り上げ、「ロンドンの高等法院が二〇〇七年一〇月初め、死因究明の本格審理に入った際、検視官のベーカー判事が陪審員らに『元妃の死亡に関する新聞記事やテレビ番組は今後、絶対見ないように』と心構えを説いた」と報じている。裁判所が接触禁止のような命令をかけることは可能だが、まずは裁判官が「説示」で注意を促す方法が採られるようだ。

共同電は、二〇〇二年四月、プロサッカー選手二人が起訴されたアジア人学生襲撃事件に絡み、大衆紙サンデー・ミラーが罰金七万五〇〇〇ポンド（約一六〇〇万円）の支払いを命じられた裁判のことを紹介している。この裁判は、新聞報道が原因で陪審裁判が中断された上、評決前の被害者の父親へのインタビュー記事が「事件の背景に人種差別があったとの偏見を抱かせる」と判断された例として有名だ。

法廷侮辱罪の具体的な運用状況については「メディア側の〝犯意〞ではなく、記事が公判を妨げ、陪審に予断を与える可能性があるかどうかが問われ、過剰気味の事件報道では、当局による事前警告も行われる」と次のように報じている。

「二〇〇六年一二月に英南東部イプスウィッチで起きた女性五人の連続殺人事件。一九世紀のロンドンでの有名な『切り裂きジャック』事件を想起させる猟奇的犯行で、同月一八日にスーパー従業員、翌一九日に元トラック運転手が逮捕された。スーパー従業員については、逮捕前日に一部大衆紙が「被疑者」として独占会見記事を掲載、各紙も翌日紙面で犯人扱いした。だが、後日釈放され、元運転手だけが起訴された。検察官は会見で『被告は公正な裁判を受ける権利がある』と述べ、メディアに『審理に予断を与えない責任ある報道』を要求した」

共同電は裁判所侮辱法について「害の方が多い」と批判する意見も紹介している。あるジャーナリストは「罪をでっち上げられた場合は真実が伝えられず、逆に『被告の権利を損ねる』と指摘、権力者にとっては、悪事を隠ぺいする便利な手段にもなる」と訴えているという。

こうした批判には、現実的な根拠があるようだ。二〇〇七年三月五日付のインターナショナル・ヘラルド・トリビューン紙は、公共放送局のＢＢＣ放送（British Broadcasting Corporation）が与党・労働党の巨額融資疑惑に関するニュース番組の放送を予定していたところ、法務総裁の請求を受けた裁判所から、インジャンクション（差し止め命令、injunction to prohibit, until the conclusion of the trial, the publication of specified material）を受け、別の内容に切り替えたのだという。インジャンクションというのは、特定の公表物について法廷侮辱のルールに抵触するとして公判の終了まで公表を禁じる命令であり、法務総裁や被疑者・被告人らが裁判所に求めることができる。しかし、報道の事前規制を安易に行うことは自由な社会の在り方と矛盾するため、中立人には重い証明責任が課されており、実際に認められるケースは稀だといわれる。

インジャンクションには刑事事件で陪審への悪影響を防ぐ目的がある。しかし、民事的な手続の側面もあり、むしろ名誉棄損を事前に防ぐために使われる場合の方が多いようだ。ＢＢＣのケースがそのどちらに該当するのか、記事だけからは分からない。ＢＢＣ側は、このリポートが公共の利益（public interest）にかかわる事柄だと反論したが、裁判所は警察当局の要請に従い、「この段階で特定の情報を公表することは捜査の妨げになる」と判断したという。刑事裁判以前の疑惑段階でも、司法手続きの中で、このような直接的規制措置が取られる場合があることは、留意しておきたい。

イギリスのメディア内には自主的な規律もある。ＢＢＣのガイドライン（Producers Guidelines）では、裁判中に行えば「法廷侮辱罪」に問われる危険性がある場合として次の九つのケースを例示している。

①　目撃者、裁判官、陪審員、法曹、訴訟当事者らに影響を及ぼす映像、コメントを放送すること
②　当事者の訴訟行為に影響を及ぼすだろう素材を放送すること
③　訴訟が終わる前に証人のインタビューを放送すること
④　証拠に影響を及ぼすか、恐らく影響すると思われる証人の扱いをすること（例・インタビューあるいはインタビューの交渉）

⑤　陪審員に担当事件について話し掛けること
⑥　裁判官が報道を禁じた事柄を報道すること
⑦　訴訟の結論を推測すること
⑧　訴訟はやり直すべきだとコメントすること
⑨　陪審不在の法廷で行われた発言を再現すること
BBCの報道セクションには弁護士らが勤務し、法廷侮辱の問題が起きないよう、日常的にチェックしている。もし報道被害が生じれば、その救済に当たる規定もある。

（3）オーストラリア

陪審制度を行っている英連邦の国々では、イギリスと同じように裁判所侮辱法などの法的規制を設けているところが多い。しかし、それでも、「表現の自由」と「裁判の公正」との関係をめぐる法的規制の仕方は、イギリスとはやや異なるようだ。オーストラリアへ最高裁から派遣され、陪審公判と報道の関係について調査した細田啓介判事が、二〇〇三年の判例タイムズ掲載論文で報告をしている（細田啓介「オーストラリアにおける刑事陪審公判と報道の関係を中心とする手続の公正と公表の関係について（上中下）」）。

細田判事によると、オーストラリアでは「おおまかにいうと、表現の自由によって公判の公正が妨げられてはならないという意味で、公判の公正の要請が表現の自由の要請に優越する一方、司法の公開の要請が公判の公正の要請に優越するという位置付けにある」（一一二七号七頁）と言う。日本でこの問題を議論するとき司法の公開という要請がなおざりにされがちな感があることを考えると、この指摘はじっくり考える必要がある。

興味深いのは、著名事件で陪審員が他の陪審員らの意見などの「評議の秘密」を新聞紙面で明らかにしたケースが一九八〇年代ころに相次ぎ、陪審評議の秘密開示が物議を醸す問題になったことだ。コモン・ロー上、陪審評議の秘密開示は裁判所侮辱に当たると考えられてはいるものの、この義務違反が裁判所侮辱に当たるとした明確な裁判例はないという。これらのケースについて多くの州では制定法によって規制する方策が採られ、サウス・オーストラリア州では陪審員から「評議の情報を得る目的でハラスメントを行うこと及び報酬として実質的利益を支払い又は提供すること」が犯罪とされるなどしている。これらの規定は「陪審員を守る観点及び陪審制度そのものを守る観点の双方から」必要であると考えられているという。

裁判所侮辱の「中核にあるのが係属中侮辱(sub judice contempt)」であり、これには、手続が係属中(pending)に①手続の公正を妨げる意図をもって(intending)もの(material)を公表(publish)する②手続の公正を妨げる傾向(tendenncy)のあるものを公表する――という二つの類型があるが、実際には比較的立証の容易な②の道が選ばれる。手続の公正を妨げ得る類型として細田判事は次の五つを挙げている。

① 被疑者(被告人)が自白をしたという主張
② 被疑者(被告人)の実際の前科又は前科があるという主張
③ 被疑者(被告人)に対する同情や反感を生じさせるコメント等
④ 被疑者(被告人)の有罪・無罪についての主張等
⑤ 犯人の同一性が争点になっている又はなり得る場合に、被疑者(被告人)の映像や写真を被疑者(被告人)であるとすること

細田判事の論文には、これらに該当するとして、一九八〇年から一九九八年までの間に、新聞社、放送局、出版社、記者、編集者らに罰金などが課された事例が計二九件記載されている(一一二九号七三頁)。

裁判所が公表を直接抑える手段には①インジャンクション②不公表命令（non-publication order）③性犯罪被害など立法による特定情報の一般的公表規制④企業秘密が関係する事件などでの手続の非公開⑤証人の氏名など一部情報の秘匿——がある。公正を侵害する公表があった場合、それを事後的に是正する法的手段も定められている。裁判の行方を左右するほど深刻な場合は「陪審の責任解除（discharge）」が行われ、新たに陪審員を選び直して「公判のやり直し（new trial）」になる。ダメージが大きいときは「公判の無期延期」や「有罪評決の取り消し」もあり得る。このほか①裁判官が陪審員に報道の影響を無視するように話す「裁判官からの警告」②裁判地の変更③公判開始時期の延期——なども定められている（一一二七号一三頁など）。

第2．参審制度の国々

（1）ドイツ

ドイツでは、第一審（地裁、区裁判所）と一部の控訴審手続に国民が参加する。重い罪を裁く地裁では裁判官三人（二人の場合もある）と二人の参審員、軽い罪を裁く区裁判所では裁判官一人と参審員二人がそれぞれ合議体を構成する。参審員は政党推薦や無作為抽出で選ばれ、四年間の任期制が採られている。裁判官が強い職権を持っているのがドイツ参審制度の特徴で、裁判長は事件関係の全書類をあらかじめ読んで公判に臨むほか、職権に基づいて証拠を収集することもできる。有罪の評決をするには、三人の合議体では二人の賛成、五人の合議体では四人の賛成が必要とされている。

二〇〇三年五月、フランクフルト地裁大刑事部で傍聴したとき、どのような取材が行われるのか、見ていると、報道陣は皆、身分証明書などで身元を確認された後、一般傍聴者と区別して二階席へ上げられた。開廷前の法廷内撮影は条件付きで認められたが、審理中は裁判所職員が厳しく監視した。審理が終わり、裁判長が閉廷を告げると、報道陣は二階から降りてきて、全員が一階玄関口のホール外に集まった。地裁建物のひさしの下であり、屋外にはなるが、地裁の敷地内だ。しばらくして弁護士が姿を見せると、報道陣が取り巻き、インタビューが始まった。弁護士は、その日の証人尋問に対する弁護側の評価、被告人の言い分などを伝え、質問にも丁寧に答えた。ある記者に尋ねると、「フランクフルト地裁では慣例として、この場所で閉廷後、インタビューをすることが地裁側からも認められているので、どの記者もここへ直行する。弁護人にも、そのことは知らされており、いつも説明がある」ということだった。

フランクフルト地裁にはプレス担当の裁判官がいる。大刑事部の裁判長でプレス担当のヴィーンス（Wiens）判事がインタビューに応じてくれた。その内容を当時のメモから抜き出すと以下のようになる。

①　被告人の氏名は、基本法（憲法）の規定に基づき、公表してはいけないことになっている。名前は書いてはいけないし、名字もイニシャルでなければいけない。ただし、政治家、俳優のような著名人らはフルネームで書いてもよい。

②　参審員の守秘義務は生涯続くが、評議室で起きたことでも余談など判決の判断にかかわらないことは守秘義務には含まれない。かつて参審員が「被告人は馬鹿だ」と弁護士に言ったことが問題になったが、処罰はされなかった。

③　プレスが参審員に直接電話をするなどして取材したケースは聞いたことがない。参審員への影響を理由として、プレスに制限をかけることはしていない。プレスには自主規制があるから、それ以上のことは考えていない。

④　参審員の個人情報は保護されており、判決文には氏名だけがフルネームで記載される。住所など、その人が特定される情報は書いてはいけない。法廷のドアの前には裁判官と参審員の氏名が張り出されるが、記者やカメラマンはそれを撮影してはいけない。

⑤　実際に起きたことだが、参審員が地裁の食堂で被告人についての判断を別の人に話してしまったことがあった。たまたま後ろの席に弁護人がいて、聞いており、その申し立てにより審理は無効になった。参審員も審理から外された。それだけでなく、その参審員は、それまでの公判にかかった多額の経費を支払わなければならなかった。実際に一〇万ユーロ（当時のレートで約一一三〇万円）を超えた場合もある。

⑥　参審員が報道の影響を受けないように、報道に対して特段の制限をすることはない。例えば、重要な目撃証人が、公判での証言前にプレスに証言内容を話して報道されても仕方がない。そのような報道についてはマスコミの自主規制に委ねている。

当時のメモには「プレスの自主的対応に信頼感をおいているのが印象的だ」とある。

ドイツには報道機関がつくっている「ドイツ・プレス評議会（German Press Council）」があり、独自に「ドイツ・プレス倫理綱領（German Press Code）」を定めている。倫理綱領は一九七三年に作られたが、二〇〇一年六月二〇日に成立した個人情報法を受けて再改訂された。第一条で「真実を尊重し、人権を守り、公共に真実の情報を伝えることは、プレスの何よりも重要な原則である」とうたい、第二条では「文章や写真で特定のニュースや情報を掲載する場合には、その時の状況に即して細心の注意を払い、真実であることを確認しなければならない。編集や見出しや写真のキャプションによって、その意味が曲げられ、偽りのものとなってはならない。ドキュメントは正確に再現されなければならない。確認の取れていないニュースや噂や憶測はその旨が分かるようにしなければならない。イメージ写真は明白にそうだと認識できなければならない」と記している。

この二カ条はドイツ報道機関の基本姿勢を示している。この後、被疑者・被告人の人権を保障する趣旨から、メディアとして取材上、配慮すべきさまざまな条文が記載され、それぞれの条文には、その内容を具体的に運用していくときのガイドラインが補足的に決められている。これらに違反した記事、テレビ番組などがあれば、評議会に訴えることができ、評議会が審査の上、是正措置を講じる仕組みだ。重要な記述が多いが、二カ条だけ、その一部を引用してみたい。

プレス綱領第八条

プレスは、私生活やプライバシーを尊重する。しかし、ある人の私的行動が公共の関心に関わる場合は、個々のケースではそれをプレスで報道することができる。その際、その公表によって無関係な人たちの人格権が侵害されていないかどうかを吟味しなければならない。

プレスは情報の自己決定権を尊重し、編集の情報保護を保証する

ガイドライン八・一（名前や写真の公表）

・事故や犯罪や警察の捜査や裁判の審議（プレス綱領の一三も見よ）に関して犠牲者や加害者の名前や写真の公表は通常は正当化できない。常に公共の情報の利益と当事者の人格権とを勘案しなければならない。センセーショナルだからというのは公共の情報の利益の根拠にならない。

・事故や犯罪の犠牲者は名前に関して特別な保護権を有している。犠牲者のアイデンティティを知ることで

事故や犯行の理解に寄与することは少ない。有名人であったり、特殊な付随状況があったりする場合は例外も正当化できる。

・事故や犯行と何の関係もないのに、家族やその他報道で直接に当事者となった人々の場合は、名前や写真を公表することは原則的に許されない。

・重大犯罪の疑いをもたれている被疑者の姓名や写真の公表は、そのことで犯罪解決に利したり、逮捕状が請求されていたり、あるいは公衆の面前でそのような犯行が行われたような場合は例外的に正当化することもできる。もしも犯人もしくは被疑者が責任能力を欠くかも知れないとの根拠がある場合、名前や写真の公表は差し控えるべきである。

・青少年の犯罪の場合はこの青少年の将来を考えて名前や写真の公表は、それが重大犯罪でない限り避けるべきである。

・役人や議員の場合は、もしその役職ないし議員の地位と犯罪との間に関連がある場合、名前と写真の公表は許される。犯した行為が、公衆が彼らについて知っているイメージとは矛盾する場合は、有名人にも同じことが当てはまる。

・行方不明者の名前と写真は当局との協議の上でのみ公表することが許される。

ガイドライン八・三（社会復帰）

社会復帰に利するために、刑事訴訟後には名前や写真の公表は通常はされない。

プレス綱領第一三条

捜査方法、刑事訴訟およびその他の形式的訴訟手続に関する報道は、先入観があってはならない。従ってプレスは訴訟手続の開始前および手続中に、表現や見出しで結果を先取りするようないかなる見解も避ける。被告人は判決が下されるまでは有罪と見なされてはならない。裁判所の決定は重大で正当な理由がない場合は、裁判所の発表の前に報道されるべきではない。

ガイドライン一三・一（予断——事後報道）

・　犯罪捜査や訴訟についての報道は公共に対して犯行やその捜査、裁判についての入念な情報提供に寄与する。判決が下るまでは無罪推定原則が通用する。たとえ自白がある場合でもそうである。犯行が公共に明らかであっても判決が下るまでは当人が判決主文の意味での罪人として扱われてはならない。

・　予断的描写や主張は、犯罪者にも無制限に認められている憲法上の人権保護に違反する。法治国家における報道の目的は判決を下された者を「メディアのさらし者」という手段で社会的に再度処罰することではない。それゆえ報道の言語において、容疑と、証明された罪とを明確に区別しなければならない。

・　もしプレスが名前を挙げて、あるいは広範囲にそれと分かる当事者のまだ下されていない判決について報道する場合は、もしそのことが当事者の正当な利害に反しない限り、法的に確定した判決もしくは明確な減刑についても報道しなければならない。この勧めは同様に公判の停止にも言えることである。

・　訴訟についての批判と批評は判決文とは明確に異なるようにしなければならない。

ガイドライン一三・二（青少年の犯罪）

青少年に対する捜査や訴訟について、並びに裁判に出頭したことを報道する場合、プレスは当人の将来を考慮して特に抑制を行うべきである。この勧めは同様に犯行の青少年の被害者についても当てはまる。

日本とはメディアの考え方が違うと感じざるを得ない。ドイツには事件・事故・裁判に対するメディアへの法的規制はないが、報道評議会の活動、地裁の措置などを通じて、裁判に不当な影響を与える行為は慎重に排除されているといえるように思う。ある国の法制度を論じるとき、法令があるかどうかだけを調べて、それで足りるとするわけにはいかない。社会全体として、どのような力学が働いているかを見極める必要がある。

(2) フランス

フランスでは、参審制度の対象事件は殺人などの重罪に限定され、日本の高裁に相当する重罪院が審理する。参審員九人は事件ごとに抽選で選び、三人の裁判官とともに審理に当たる。フランスには、被疑者を公判に付するかどうかを判事が調べる「予審制度」があり、裁判長は予審判事から送られた全ての事件記録に目を通している。裁判は裁判長の職権に基づき、その強い訴訟指揮の下に行われる。

ドイツと対照的に、公正な裁判の確保という観点からの報道規制はまったくない。いかにも「言論の自由」を重視する精神風土がうかがえる。実際には何かメディアに対するコントロールのようなものがあるのではないかと疑い、二〇〇四年一〇月にパリ重罪院を取材した際、司法官や、刑事事件専門に弁護活動をしている「刑事弁護士会」の会長らに尋ねるなどしてみたが、やはりないようだった。最高裁事務総局刑事局監修『陪審・参審制度　フランス編』(司法協会、二〇〇一年)にも「フランスでは、犯罪報道について、特に規制はなされていない」(同書二九〇頁)と記されている。「報道の自由は憲法によって保障された重要な基本権であると考えられており、犯罪報道を規制することは相当困難なようである」「裁判長が、参審員にあまりマスコミ報道を見ないようになどと注意することはない」とも書かれている。もっとも、ジャーナリストの話として「行き過ぎの犯罪報道に対しては名誉棄損あるいはプライバシー侵害として刑事上・民事上の制裁が加えられることになるので報道には慎重にならざるを得ない」という証言も添えられている（いずれも同書三九一頁）。

重罪院の裁判長の多くは「マスコミ報道の影響はあまりない」と述べたそうだが、「重罪院陪席裁判官の経験がある予審判事等の大多数の意見は、裁判長の意見とは反対であり、参審員は、マスコミ報道の影響を受けている旨述べている」（いずれも同書三九二頁）というから面白い。結局、フランスの裁判官の間でもマスコミの影響についての意見は分かれているということのようだ。

フランスの裁判報道はかなり自由だ。同書によると、「すべての刑事訴訟書類は、それが公判廷で読み上げられるまでは、これに先立って公表することはできないが、事件報道自体は、公判審理の前後を問わず、自由である」という。公判審理の模様を報道することが自由なのはもちろんで、「開廷中の写真撮影、ビデオ録音・録画は禁止されているが、メモ、スケッチも自由である（新聞記者が記者席にパソコンを持ち込んで被告人や証人の供述のメモを取っていることも少なくない）」し、「開廷前の法廷の様子（被告人も撮影されることが少なくない）が報道されることは多く、法廷における被告人の写真が新聞に掲載されることも多い」（いずれも同書二一〇頁）。写真撮影、ビデオ録画は、メディア側からの申し立てに基づき、裁判長が弁護人と、検察官ら関係者の同意を条件として許可した場合に行われている。被疑者・被告人の人権擁護の観点から手錠姿の映像放映などは原則的に禁止されているのが実態であり、それが公正な裁判の実現に役立っているといわれている。

（3）スウェーデン

スウェーデンは陪審制度と参審制度を併用しており、「出版の自由」と「表現の自由」に関係する事件だけは、三人の裁判官と九人の陪審員（Juryman）による陪審制度で裁かれる。しかし陪審裁判は年に何件もなく、ほとんどの事件は参審員（Nämndeman）を選んで行われる。通常、一審の地裁は裁判官一人に参審員三人、控訴審の高裁は三人の裁判官に四人の参審員で構成されるが、重大事件は地裁、高裁ともさらに裁判官一人、参審員一人を追加できる（最高裁事務総局刑事局『陪審・参審制度 スウェーデン編』司法協会、二〇〇一年）。

世界で初めて「出版の自由」を保障する法律を作ったスウェーデンは、メディア側の自主的な報道倫理綱領があることで知られている。捜査機関に身柄拘束された段階の被疑者、起訴された被告人、有罪判決が確定して刑務所に入った受刑者らの氏名など個人情報、特に名前は、原則的に公表しないという〝匿名報道〟のルールがある。最高裁事務総局刑事局『陪審・参審制度　スウェーデン編』（司法協会、二〇〇一年）によると、名前が報道されるのは「その名前に社会的に明白な重要性」があるときに限定され、その場合は「政治家、大企業の役員、大労組の幹部ら支配層の犯罪などであり、一般人の犯罪が実名で報道されることはない」（同書二四頁）。

同書はメディアについての言及もなかなか正確だ。スウェーデンでは、一九八六年にパルメ首相が暗殺され、被疑者が逮捕されたときでも、国内では実名は報道されなかったほど、匿名報道は徹底している。違反行為にはプレス・オンブズマンが目を光らせ、プレス・オンブズマンが違反ありと判断すると、その報道を行った報道機関は自ら、その判断を新聞などに掲載しなければならない。さらに、その報道機関は、経営者団体である新聞協会や記者組合、ペンクラブで構成される「報道評議会」に一定の罰金を支払わなければならないこととされている。「これらは、特に裁判への影響を考慮して制定されたものではないが、事実上、報道が参審員等の判断に影響を与えることを防止する機能を有している」（同書二四頁）といえる。

二〇〇二年二月にスウェーデンの調査をした際、プレス・オンブズマンにランチをご馳走になり、現地の報道事情を話してもらったが、同書に記述された通りだった。スウェーデンでは個人情報の保護が徹底され、政府も独自の行政機関を設けて保護に取り組んでいて、日本とは根本的に考え方が違っている。プレス・オンブズマンは在日大使館の勤務経験もあることから、そうした社会状況の違いも説明し、メディアが自主的に制定した報道倫理綱領に基づく事件・事故・刑事裁判の報道は規律をもって行われていると話した。スウェーデンの〝匿名報道〟に学ぶ点は多々ある。メディア関係者による自主的なルールの策定、プレス・オンブズマンによる監視、「報道評議会」による実質的なコントロールという仕組みは大いに参考にすべきではないか。

（４）イタリア

イタリアでは、重大事件を対象として、重罪院で裁判官二人と参審員六人による参審裁判が行われている。裁判官の職権主義の色彩が強いドイツ、フランスなどと違い、戦後、アメリカ法の強い影響下、訴訟の進行を当事者（検察側と弁護側）に委ねる「当事者主義」を採用した。参審員は有権者名簿から無作為抽出で選ばれ、任期は三カ月。被告人が有罪か無罪か、有罪ならどのくらいの刑にするかは、多数決で決める。

イタリアの記者資格は国家試験で与えられる。記者の資格には二種類があり、①国家試験に合格した場合②新聞社やテレビ局などで一八カ月の訓練を受けるなど所定の条件をクリアした上で専門的な記事を所定の本数書いた人が正式な記者となるための試験を受けて合格した場合――に資格が認められる。職業記者として活動するには、試験に合格し、各州の「地方秩序会議」へ登録することが必要とされている。これら地方秩序会議の上部組織として「全国秩序会議」が置かれている。

二〇〇六年一一月、イタリアのローマで重罪院を取材した折、テベレ川沿いのビル内にある「全国秩序会議（Ordine giornalisti）」へ行き、大学教授でもあるヴィットリオ・ロイディ（Vittorio Roidi）事務局長の話を聞いた。

ロイディ教授によると、全国秩序会議は一九六三年に設立され、①国家試験の実施②記者の職業倫理規定の決定——という二つの役割を果たしている。国家試験の委員長と副委員長は裁判官が就任しており、この試験に合格して資格を取り、各州の地方秩序会議に登録した記者は約六万人いる。

職業倫理規定は記者にとっての法律のようなもので、この規則を破ると、地方秩序会議が裁判のような形で審理をする。処分には口頭での警告、正式な文書による警告、業務停止（三カ月から一年）、登録抹消という四段階があり、処分に不満な場合は全国秩序会議に異議申し立てができる。登録抹消になると、その記者は失業するが、二〇〇六年は四人程度と「非常に少ない」のだという。

裁判取材は自由に行われている。公判中にカメラマンが法廷へ入り、撮影もしている。ただし、マフィア関係の事件などでは、被告人の顔を写さないように命じる裁判所があるし、プライバシー保護の観点から取材が認められないこともある。一九九六年にプライバシーを保護する法律ができ、裁判関係者の氏名などのデータは、記事に必要のないときは書いてはいけなくなったそうだ。

インタビューが終わると、「ジャーナリストの義務（Il doveri del giornalista）」という倫理綱領の冊子をもらった。この冊子には、例えば、「義務」という大きな項目の中に「記者の責任」などの小項目があり、「無罪推定の原則」を守るべきだなどと書かれていた。

全国秩序会議と、すべての記者が所属する労働組合「イタリア記者組合（ＦＮＳＩ）」が一九九〇年、未成年者の人格保護のために設けた自主ルール「トレヴィゾ憲章」には「無罪推定」の項目があり、以下のように記されている。

「（無罪推定）捜査や裁判について報道する際、容疑をかけられたあらゆる人は、最終的判決が下されるまで無罪であることが常に思い出されるべきである。それゆえ、情報は、容疑者を有罪であると提示するような方法で頒布されてはならない。記者は、ある人がまだ法的に宣告を下されていない場合には、意図的、故意にその人が犯罪者であるとのイメージを公表してはならない。無罪判決の際には、その事件に関する以前の情報、記事の全てへの言及を含んだ、適切に強調された報道がされるべきである。特別に社会的重要性のある場合を除いて、小さな犯罪、あるいは軽い刑を宣告された人々の名前や写真を報道する際には、常に、大きな配慮がなされなければならない」

この憲章が制定された背景には、二歳の少女をめぐる性的な事件の報道で、父親が娘を犯した「怪物」などと非難されたケースがある。最終的には、その少女は犯罪行為とは無関係だったと判明したが、新聞、テレビは大規模な報道を繰り返した。情報源は捜査関係の公務員であり、プレスが不審を抱く事情はほとんどなかったといわれるが、秩序会議はプレスの行動を批判する文書を出し、情報源を厳しくチェックするよう訴えた。

ただし、こうした規定にどれほど実効性があるのか、報道関係者に聞いてみると、文書と実態にはかなりの隔たりがあるようだ。違反をしても記者資格がはく奪された例はほとんどなく、実際には、秩序会議も、あまり厳しい判断をしていないという。無罪推定の原則も常に守られているわけではないようだ。

ローマでは「イタリア記者組合」も訪問し、事件・事故や裁判をめぐる報道の問題を質問した。応対してくれたレンゾ・サンテルリ(Renzo Santelli)広報室長に「刑事裁判に新聞記事が影響を与えたとして問題になったケースはありますか」と尋ねると、直ちに「イタリアでは新聞記事の影響が問題になったことはない」という返事が返ってきた。「ただし、記事が政治的に使われたことはある。一九九〇年代にミラノで大きな汚職事件が起きたが、政治家はメディアの影響で有罪になったと主張している」と言う。

イタリアでは、政治的な事件のほかは、報道がそれほど問題視されたことはないようだ。ただ、ある事件で、判決内容について記者が参審員に電話をし、そのうち答えてくれた人がどのような意見を述べたかを記事にしたところ、問題になり、有罪判決を受けた例があることは耳にした。評議の秘密を犯す取材・報道は、イタリアでも許されない。

第3. 各国の選択

最高裁がまとめた「陪・参審制度と事件報道・裁判報道の在り方（諸外国の実情）」と題する資料によると、主要国の報道は三つのタイプに分けられる。「タイプA」は「裁判の中立・公正を確保するため、事件報道・裁判報道そのものを直接規制」するグループでイギリス、カナダ、オーストラリアが入る。「タイプB」は「報道の規制はしない。裁判の中立・公正は、予断・偏見を持った候補者を陪審から除外することによって確保」するグループで、アメリカが例示された。「タイプC」は「事件報道・裁判報道の影響を重大視しない」グループ。フランス、ドイツ、イタリア、スウェーデン、デンマーク、オーストリアがその例だとされている。

報道に関係する者の目から見ると、このまとめ方は大筋ではその通りだが、やや違和感もある。「タイプA」はそれほど異論がないものの、「タイプB」のアメリカを見ると、連邦法のレベルでは最高裁の言うとおりであるにしても、州法レベルでは「タイプC」に入る州もある。さらに「タイプC」に至っては、一緒のグループにはできないのではないかとさえ考えられるものもある。フランス、ドイツ、スウェーデンは実質的に大きく異なり、イタリアは国家資格である記者資格のはく奪と関連させて考えなければ、厳密には、評価ができない。

ただ、大きく見ると、市民参加の陪審・参審制度が定着している欧米各国の場合、「タイプA」は英連邦の国々にほぼ限られており、主流とは言いにくい。逆に、報道の影響をほとんど重要視していない国もフランスくらいなものだ。事件報道と公正な裁判を両立させる手段は、報道機関が大まかな原則を定める自主的な指針を作ることに求める考え方が全体的には有力と言ってもよいのではないか。

この問題についての対処の仕方は極めて多岐にわたっている。その中で、大きな流れとしては二つの選択肢があるように思う。一つは、報道に国民が影響されるのは防ぎようがないのだから、仮に影響を受けたとしても、法廷に提出された証拠だけに基づいてきちんとした判断ができる人を選ぶことが大切だとする、陪審員・参審員の「人物」に着目した選択だ。これは、選ばれる国民の質を重視する考え方といえる。

もう一つは、報道の影響は裁判官が注意することで排除できるという考え方だ。これは、選ばれる国民の側から方法を考えるのではなく、プロの裁判官の役割を重視する見解ともいえる。参審制度の国々では「報道による参審員の予断を除去することは裁判官の役割であり、公正な裁判の確保には、裁判官が証拠だけで判断するよう参審員に説明すれば足りる」という考え方が多いようだ。

裁判報道に対する規制	陪・参審員が報道の影響を受けるのを回避するための措置	陪審員・参審員に対する取材の制限
公開の法廷で行われた手続についての公平で正確な報道は、原則として裁判所侮辱罪の対象にならない。	忌避の制度（イギリスは理由付き忌避のみ、カナダ、オーストラリアは理由付き忌避と専断的忌避）はあるが、当事者に質問権が認められていないことから、報道の影響を理由とする忌避は実際上困難。	陪審員が評議内容を開示する行為及び陪審員に対して評議内容を尋ねる行為は、いずれも裁判所侮辱罪に当たる（評決の前後を問わない）。報道目的のみならず、学術研究目的によるインタビューも禁止される（イギリス、カナダ）
公正な裁判の確保という観点から次のような規制があり得る。①特定の手続に関する報道が、当該手続又は将来の手続の公正な進行を妨げるおそれが高いと判断される場合に裁判所が発する報道延期命令（イギリス）②予備審問における自白、陪審員を立ち会わせないで行った手続等に関する出版報道の一般的禁止。制定法及びコモンロー上裁判所が裁量的に発する出版報道禁止令（カナダ）③特定の手続に関する報道が、当該手続又は将来の手続の公正を傷つけかねない場合に裁判所が発する報道禁止命令（オーストラリア）	裁判地の変更、陪審員の隔離等の制度はあるが、使われることはまれ。ただし、カナダでは、いったん評議が開始されると評決が出るまで帰宅を許さないのが原則。	評決後における評議内容の開示や出版報道は、裁判所侮辱罪に当たらないというのが通説的見解であったが、近年、著名事件の評議暴露報道が契機となって、評決後の評議内容の公開を禁じる法改正が各州に拡がっている（オーストラリア）
	報道により陪審員が予断・偏見を抱き、公正な評決をすることができないと判断される場合、裁判官は、当該陪審員の一部又は全部を放免することがある。	
裁判報道に対する一般的規制はない。	陪審員候補者に対する質問手続（Voir Dire）によって、予断・偏見を持った者を陪審から除外することができると考えられている。	陪審員は、公判中は、事件のことを話したり、議論したりしてはならない義務を負う。
例外的な規制として、①検察官・弁護人ら訴訟関係人に対するコメント禁止命令（いわゆる Gag Order）②手続の封鎖（公開停止）③報道制限命令があり得るが、②、③の余地は極めて限定されている。	報道に接しただけでは忌避の理由にならないが、その結果公平な判断ができないと判断される場合には、忌避の理由となる。理由付き忌避が認められなくても、専断的忌避が可能。	公判終了後の規制はない。陪審員がテレビに出演したり、手記を発表した例もある。ただし、事件によっては、主として評議の秘密を守る目的で、裁判官が陪審員に対し、評議の内容を口外しないように命じる場合があるようである。
	加熱した報道等の影響により、特定の日時場所では、中立・公正な陪審員を確保できないと考えられる場合には、①裁判地の変更②審理の延期等の措置が採られることがある。	陪審員の個人情報の公開は、州によって、あるいは、裁判所によって様々。
	選任された陪審員に対しては、事件に関する報道を見たり、聞いたりしないようにする義務が課される。まれに、陪審員の隔離が行われることもある。	
規制はない。	参審員の性質上、選定段階で個々の事件についての犯罪報道の影響が考慮されることはない。	参審員は、評決時まで、事件に関し、他の参審員及び裁判官以外の者と話してはならないとされ、その違反は破棄原因になるとされている。
著名事件では、法廷の模様が連日報道され、新聞に厳罰を求める記事が掲載されることもある。参審員に対し報道を見ないようになどという注意が行われることもない（フランス）規制はない。報道に多少の問題があっても、職業裁判官の関与によって中和可能と考えられているようである（ドイツ）刑事手続の結果に影響を与えるような審理結果の予測報道を法律で禁止している国（オーストリア＝陪審併用国）もないわけではない。	理論上、不公正な裁判をするおそれのあることは、忌避理由となり得るが、職業裁判官と同様、報道に接しただけで不公正な裁判をするおそれがあるとは考えられていない（ドイツ、スウェーデン）専断的忌避の制度があるが、質問手続が行われないことから、報道の影響を理由とする忌避は実際上困難（フランス）	また、参審員は、職務終了後も評議の秘密を漏らしてはならないとされている（フランス）参審員は、職業裁判官と同様の守秘義務を負う。その守秘義務は、職務期間終了後も解除されない（ドイツ）評議の秘密を漏らす行為は、おおむね犯罪として処罰されるようである（フランス、イタリア、スウェーデン、デンマーク等）

（注）最高裁判所が作成した資料

陪・参審制度と事件報道・裁判報道の在り方（諸外国の実情）

	タイプ	該当する国名	陪参審	事件報道に対する規制
タイプA	裁判の中立・公正を確保するため、事件報道・裁判報道そのものを直接規制	イギリス、カナダ、オーストラリア	陪審	現に進行中の事件に関し、公正な裁判を害するおそれのある情報を報道すれば裁判所侮辱罪に問われる。 被告人の前科や悪性格についての報道、被告人が公判前にした自白の暴露、事件の評価に関するコメント・論評等は裁判所侮辱罪に当たる可能性が高い。
タイプB	報道の規制はしない。裁判の中立・公正は、予断・偏見を持ってしまった候補者を陪審から除外することによって確保	アメリカ	陪審	事件報道に対する一般的規制はない。（州によっては、法曹協会とメディアの間で公正な裁判を守るための協約が締結されているが、紳士協定に留まる） 裁判所には、被告人、代理人、目撃者等の事件関係者に対し、係争中の事件についてのコメントを禁止する命令（いわゆるGag Order）を出す権限が認められているが、報道機関に対して直接的な報道制限命令を出す余地は極めて限定されている。
タイプC	事件報道・裁判報道の影響を重大視しない	フランス、ドイツ、イタリア、スウェーデン、デンマーク、オーストリア等	参審（ただしスウェーデン、デンマーク、オーストリアは陪審併用）	一般的に、公正な裁判の確保という観点からの報道規制は行われていない。 ただし、主として被疑者・被告人の人権保護の観点から、有罪性や刑罰についての論評及び手錠姿等の放映等を法律で禁止している国（フランス）メディア側の制裁金を伴う自主規制により被告人の氏名等の公表が控えられている国（スウェーデン）職権又は当事者の申立により裁判所の判断で関係者の氏名等の報道を禁止することができるとされている国（デンマーク等）はある。 これらが間接的に公正な裁判の確保（陪参審員に与える予断・偏見の防止）に役立っている面はある。

第2章　報道の自由とメディア規制

メディア関係のヒアリングを行った裁判員制度・刑事検討会 =2003 年 9 月、司法制度改革推進本部

第1節　裁判員制度・刑事検討会の議論

第1．メディア規制論

政府の司法制度改革推進本部は二〇〇一年一二月一日に発足、三年の期限付きで新立法に取り組んだ。裁判員制度など刑事関係の法案は二〇〇四年の国会に提出される予定となっていた。本部内に設けられた「裁判員制度・刑事検討会」（座長・井上正仁東京大学教授）と「公的弁護制度検討会」（同）はいずれも二〇〇二年二月二八日、第一回の会議を開き、まず「第一ラウンド」として、論議すべき問題点の洗い出しから始めた。

筆者は両委員会の委員を務めたが、裁判員制度・刑事検討会では、新聞、テレビなどのメディアによる事件・事故・裁判をめぐる取材と報道について論議された。「集団的過熱取材」が行われ、また、被疑者らを犯人視するような報道が無制限になされたのでは、職業的な訓練がされている裁判官ならともかく、まったく経験のない裁判員は混乱したり、影響されたりして、既に裁判の前に被告に対して「犯人ではないか」という「予断」や「偏見」を持ってしまい、「公正な裁判」が害される恐れがあるというのだ。

二〇〇二年七月一〇日の第五回裁判員制度・刑事検討会は、予期していたこととはいえ、衝撃的だった。心配していたメディア規制を法案に盛り込むように匂わす発言があったからだ。ある委員は裁判員の資格をどう決めるかをめぐる討議の流れの中で次のように述べた。

「裁判員に対しては、不当なプレッシャーが掛けられるという可能性もあるわけですから、そういう不当なプレッシャーから裁判員を守るという制度も、公正な裁判を確保するシステムとしては必要でしょう」

［参考年表］裁判員制度と報道問題の経過

2000年	6月21日	新聞協会が「人権の尊重」を強調する新しい新聞倫理綱領を制定
2001年	3月27日	政府が個人情報保護法案を国会へ提出
	12月6日	新聞協会編集委員会が集団的過熱取材（メディアスクラム）に関する見解を公表
2002年	3月8日	政府が「報道被害」などを救済する人権擁護法案を国会へ提出
	7月10日	司法制度改革推進本部裁判員制度・刑事検討会の第5回会合で、事務局が「報道の問題がある」と論点に挙げる
2003年	3月11日	同検討会第13回会合で、事務局が「報道機関は事件に関する偏見を生ぜしめないように配慮しなければならない」との条項“偏見条項”を含む裁判員法案の“たたき台”を発表
	5月16日	同検討会が新聞協会、民放連、雑協からヒアリングし、3団体とも“偏見条項”の全面削除を求める
	5月23日	報道目的で個人情報を扱う報道機関などへの法的義務規定の適用を除外し、個人情報保護法が成立
	9月10日	新聞協会と民放連が司法制度改革推進本部に対し、裁判員制度導入に向けた取材・報道の新たな指針やルールづくりなどを表明
	10月28日	井上座長が示した「考えられる裁判員制度の概要について」の中で“偏見条項”は「さらに検討する」とされる
	12月11日	公明党が「安易な報道の規制は好ましくない」と表明
	12月16日	自民党司法制度調査会が「取材・報道に関する法律上の手当てを見送る」との方針示す
2004年	1月29日	司法制度改革推進本部が“偏見条項”を削除した裁判員法案の骨格案発表
	3月16日	政府は骨格案に基づき、裁判員法案を国会に提出
	5月18日	野沢太三法相が参院法務委員会で「報道機関の自主的な取り組みの努力を考慮し、事件報道に関する規定は設けないことにした」と答弁
	5月21日	裁判員法が成立
2007年	9月27日	マスコミ倫理懇談会全国協議会の第51回全国大会で平木正洋・最高裁判所刑事局総括参事官が「事件の容疑者の自白や前科、生い立ちなどを伝える報道は、裁判員となる市民に予断や偏見を与える」として7項目の懸念を表明
2008年	1月16日	新聞協会が「裁判員制度開始にあたっての取材・報道指針」を公表。事件の被疑者を犯人と決め付けた報道（犯人視報道）はしないことを再確認し、被疑者の供述などを報じる際の注意事項をまとめた
	1月17日	民放連が「裁判員制度下における事件報道について」を発表。「公正で開かれた裁判であるかどうかの視点を常に意識し、取材・報道にあたる」などとした
	1月22日	雑協編集委員会が裁判員制度のもとでの雑誌の事件報道について「新たなルール作りが必要とは考えない」とする「考え方」を公表
	3月31日	読売新聞社が「事件・事故取材報道指針」実施
	6～7月	朝日新聞社が「裁判員制度と事件報道～朝日新聞社の現時点での考え方と取り組み」の試行を開始
	9月10日	共同通信社が加盟社への説明会で「事件報道のガイドライン」と「記事・見出し表現見直し」案を説明し、おおむね了承を得られた
	12月22日	毎日新聞社が「裁判員制度と事件・事故報道に関するガイドライン」を発表
	12月24日	ＮＨＫが「裁判員制度開始にあたっての取材・報道ガイドライン」を局内向けに作成
2009年	1月15日	民放連が「裁判員裁判の取材における基本スタンス＜骨子＞」を発表
	2月5日	民放連が法廷内撮影も含めた裁判の全面可視化など「裁判員裁判の取材にあたっての申し入れ」を最高裁へ
	2月26日	新聞協会が裁判員となる人たちに判決後の記者会見へ協力を呼び掛ける文書を公表
	5月21日	裁判員法施行

文脈からすると、これは、メディア規制を念頭に置いた発言とも断定しかねるが、「公正な裁判」の確保のためには何らかのシステムが必要という指摘の裏には、裁判員に対するメディアのプレッシャーを除いた方がいいという意識がのぞいているように感じられた。この回の終わりの方では事務局員が重要な指摘をした。

「非常に難しい問題ですけれども、取材や報道に関してどのように考えていけばよいのかという問題があると思われます。事件に関する報道という問題もありますが、それを離れても、裁判員に対する取材あるいは裁判員の個人的な情報に関する報道といったようなものをどう考えればいいのかという点についても考える必要があるのではないかと思っております」

この発言は、単に問題の所在だけをさりげなく述べた形になっているが、筆者は内心、「やはり来たな」と思った。対応を考える前に、まず、指摘の趣旨を確認しておかなければならないと考え、最後に発言を求めた。「先ほど報道の在り方みたいなものが事務局の方から一言出たのですが、これは論点で取り上げますか。私も、もしそれがちゃんとした論点で出てくるならば、それ相応の準備をしなければいけないと思っているんですけれども」と述べると、先程、最初に発言した委員が「予断排除との関係が出てくると思いますね。それと、裁判員の保護策みたいなものとも関係してくるんですけれども、裁判員に対する直接取材がどんどん来て、かなりタイトなものが来た場合にそれをどうするかという問題が、この報道の自由との関係で非常に大きな問題として出てくると思いますので、是非御高見を」と切り返してきた。「御高見を」と言われれば、逃げるわけにはいかない。

その上、井上座長が「予断の問題というのは、審理の公正さの確保の問題ですけれども、それとともに、裁判員の保護ということにも関係すると思いますね。重要な論点ですので、何か意見を開陳していただければありがたいと思いますが。これは非常に重要な論点であることは間違いありません。その意味で、取り上げないということではなく、重要な論点ですので御意見があれば是非お伺いしたい」と締めくくった。「重要な論点」という認識を座長が持っている以上、ただではすまない。鬱然とした気分で会場を出たのを覚えている。

第2．筆者の意見書

(1) 要旨の公表

二〇〇二年八月は論説委員室のデスク当番の月で忙しいが、他の論説委員への原稿の発注と加盟社への送信をしながら、合間を見て意見書をまとめようと決意をした。とはいえ、メディア内部には、国民の司法参加に関連してメディア規制の問題が存在するという認識すらなく、メディア諸団体では何らの検討も行われていなかった。そういう状態で、職域代表でもない一委員が意見書など出せるのか、大いに悩ましかった。しかし、メディア各社に警告をするならば、意見書を出すのが一番だ。夏休み返上で当番デスク作業をしながら、あれこれ考えてまとめたものを八月二八日、編集局長ら幹部に見てもらい、了承を得た。

司法制度改革推進本部へ「裁判員制度とメディアに関する意見」とその「要旨」を提出したのは八月三〇日だった。九月三日の第六回裁判員制度・刑事検討会では、Ａ四版一枚の要旨だけが事務局から公表された。要旨は二つの要望と八つの具体的提案から成っている。以下に、その一部を抜き出してみる。

［要望］

ａ．取材や報道を規制することは原則的に避ける制度設計にしていただきたい。

ｂ．メディアの制限規定を置く場合は、新聞協会など関係団体のヒアリングか意見照会をしていただきたい。

〔具体的提案〕

a．裁判員の予断を排除し、裁判の公正を維持することは重要です。しかし、刑事事件の報道を一般的に禁止することには賛成できません。実際に起きたことの報道をしなくては、メディアの存在理由はありません。訓示的な規定として「報道機関は特定の刑事事件に関して裁判員あるいはその候補者に予断を与える報道や偏見を抱かせるような報道をしないよう努めなければならない」という趣旨の「努力義務」を定めるのが妥当と考えます。

b．裁判員、予備裁判員とその候補者、証人らへの「接触」は、すべて禁じるのではなく、期間を限定して、「報道機関は、裁判員候補者に決定した国民に対して判決言い渡しまでの間、報道を目的に接触してはならない」という規定を置くのが適当です。違反には厳罰が相当で、メディアにペナルティーが科されてもやむを得ません。アメリカのような、裁判長による接触禁止の「口止め命令」を導入するならば、メディア側との協議による解除などの解除条件も同時に定めるべきですが、そのような協議機関の設立は現状では困難です。

c．裁判員に秘密を守る法的義務があり、その違反を罰するのは当然です。守秘義務の対象は①裁判官と裁判員の個別意見の内容②評議の採決結果③特に「評議の秘密」として合意された事項——の三つに限り、これらを報道するなどしたメディア関係者は処罰もやむを得ません。ただし、量刑は罰金にとどめ、守秘義務の期間も一〇年程度とするべきです。（以下略）

いま考えると、「予断を与える報道」や「偏見を抱かせるような報道」を禁じる「努力義務」を定めたらどうかとか、「判決言い渡しまでの接触禁止」を罰則付きでうたうべきだと提案するなど、かなり大胆に、踏み込んだことを書いたものだ。しかし、このような意見書にしたのには事情があった。当時の状況では、メディア内部に何も議論がなく、危機感も薄くて、ひとり反対の声を上げようにも、上げることすらできない状態だった。筆者が球を投げてもメディアの内部にキャッチャーはおらず、何か新しい提案をしようにも、その主張の根拠にできる動きはない。何の支えもない状況なのに、検討会の討議は容赦なく進んでいく。とりあえずここは「一定の制約が掛けられるのもやむなし」という立場をとって、強いメディア規制をするべきだとする主張に反論していくしかないと判断せざるを得なかった。

この意見書を出したとしても、状況が好転するかどうかは絶望的だが、検討会が本格的な議論に入る前に、ともかく「規制をかけるなら、メディアに対するヒアリングをすべきである」と主張することによって、メディアの仲間を論議の中に引っ張り出し、内部での議論の高まりを待とうと覚悟を決めた。意見書執筆の動機は、ヒアリングの実施を検討会事務局に決断してもらうことが主眼だったといってもいい。

(2)　顔のない意見書

意見書の本文はＡ四版で二三ページあるが、それは各委員限りとすることになり、検討会の傍聴者へも配布されなかった。事務局の目からすると、少し先走った独自の内容であり、そのまま公表した場合の反響が読みにくかったのかもしれない。提出後に事務局から「この意見書についての討議は、ひとわたり何を論点とするかの議論が終わった後に先送りし、配布も委員限りとすることでどうか」と打診されたとき、筆者は直ちに同意した。裁判員制度と報道の問題を慎重に扱おうとする事務局の姿勢を好ましく感じたからだが、それ以上に、これによって少なくとも、論点整理のための粗ごなしの議論をする「第一ラウンド」が終了するまでの半年間、メディア内部で協議する時間が確保できたことの方がうれしかった。

筆者は、この検討会で何が起きているか、何が懸念されるのかを、少なくとも社内と全国の共同通信加盟社には知っておいてもらいたいと考え、二〇〇二年九月二五日、部外秘の社内文書「編集週報」に「顔のない意見書」と題して次のように書いた。

「推進本部へ今月三日、『裁判員判度とメディアに関する意見』を提出した。二つの要望と八つの提案をし、『この制度が不当なメディア規制効果を持たないように』十分な配慮を求めることにした。規制論者への警告の意味合いがかなりある。（略）要旨だけが推進本部のホームページに『委員の意見書』として掲載されたが、この検討会は議事録などに発言者名を明示しないことを決めているので、筆者の名前はついていない。しかし『顔のない意見書』は奇妙な感じだ。どういう立場の人が何を目的に公表した意見なのか、読者には分からない。私にしても、非難や抗議がくることを覚悟した提言なのに、肩すかしを食ったような気がする。やはり検討会の内容は発言者名入りで公表するべきだとあらためて感じる」

そのころ、まだ議事録の発言者名を非公開としていた検討会の姿を改めるべきだと考えており、発言者名公開の主張と絡めて、意見書の内容に言及した。名前を伏せて「委員の意見書」として公表されたのは悲しく、そのことだけは記録に残しておきたいという意識があった。

発言者名の公開問題は、第一ラウンドが終了した一二月一〇日の第一〇回検討会で再検討された。消極的な発言が多く出されたが、井上座長が「曲げてお願いしたい」と述べ、次回から顕名とすることが了承された。

（3）新聞研究での提案

暗澹たる思いでいたところ、新聞協会の機関紙『新聞研究』の編集部が筆者の意見書のことを知り、二〇〇二年一〇月一八日、懸念される状況について原稿を書いてほしいと依頼してきた。編集週報の記事を読んでくれたのだという。私にしてみれば、ようやく届いたメッセージであり、まさに「渡りに船」の心境だった。締め切りは三日後の二一日でせわしかったが、早速、「裁判員制度と報道の自由　四番目のメディア規制法案としないために」と題する原稿を書き、一一月五日刊行の『新聞研究』一一月号に掲載された。問題の発端、裁判員制度・刑事検討会の状況などを紹介し、「まだ第一ラウンドの粗ごなし段階での論点提示にとどまり、何らかのメディア規制策が決まったわけではない。しかし今後の展開は何とも予測できない」と注意を呼び掛けた。

この当時、政府、自民党などではメディア規制論が声高に叫ばれていた。メディア論の学者らは、具体的な法的規制策を盛り込もうとして先の国会で継続審議となった個人情報保護法案と人権擁護法案、さらに自民党が準備している青少年有害社会環境対策基本法案の三法案を「メディア規制の三点セット」と呼んで、強い反対を表明していた。裁判員制度をめぐる法案を「四番目のメディア規制法案」と呼ばれないようにしたいというのは、これら三つの法案に次ぐものにしてはならないという意味だった。

この論文では、九月二四日の第七回検討会で関係者七人のヒアリングが行われ、法務省が「裁判員に対する取材や個人情報の報道の在り方」について罰則も念頭に検討することを求めたこと、また日弁連も「『裁判員制度』の具体的制度設計要綱」を提出し、「裁判員あるいは裁判員候補者に取材目的で接触すべきでない」と主張したこと、さらに一〇月一五日の第八回検討会では、事務局からイギリスとアメリカの証拠開示に関する資料が配付され、その中には、例えばイギリスの「一九九六年刑事手続および犯罪捜査法」など、「報道規制」の項目を置いた法律が見られることなど、懸念材料を指摘した。そして、「『表現の自由』にかかわる言論統制の行き過ぎは最も懸念される事態であり、国民から歓迎される法案に仕上げるためには、不当なメディア規制の効果を持つ制度であってはならないと信じる」と述べた。

メディアの課題について次のような三点を指摘した。

「第一は、各社の自主的な対応策を固めることである。まず社内で裁判員制度とメディアの関係について論議する場を早急につくってほしい。具体的な取材展開を想定して報道の仕方を考え、できる限り自主的な対応ができるように社としての報道指針を作成し、記者らに徹底することが必要だ」

「第二は、新聞協会、民放連、雑協などの業界団体内でもガイドラインを作成することである。集団的過熱取材に関する新聞協会の見解のようなものをできるだけ早くまとめておく必要性が高いと感じる」

「第三は、『取材・報道のルール化』である。各業界団体の努力を全メディアに共通するルールにつなげていくことが、裁判員制度の立法との関連では極めて重大な意味を持つと考える。メディアの使命の根幹をなす個別取材を放棄せよと言うのではなく、各社の自主取材を尊重した上で、最低限共通して従うべき事項を明確化したいということである。当面は①関係者への接触など取材を自主規制するべき場面はあるのか（自主規制するとしたらどの時点からどの時点までどのような方法でするのか、自主規制しないとしたら予断排除などの要請にどのようにしてこたえるのか）②裁判員や証人の家族ら関係者から苦情などがあった場合はどうするのか③裁判員や証人らへの影響④被害の防止に向けて何をするべきか⑤罰則を設けるべきだという意見にどう対処するのか——などが考えられる。これは、つまりは検討会のヒアリングや意見照会に備えて、検討が欠かせない事項でもある」

期待した通り、メディア内部から反響がすぐあった。一一月二七日、民放連に呼ばれ、テレビキー局の報道局長らに裁判員制度・刑事検討会の論議と意見書について報告し、質疑応答を行った。翌一二月一二日には、新聞各社とNHKの部長クラスがメンバーになっている新聞協会の人権・個人情報問題検討会からも講演を頼まれ、意見書の内容を説明、「法的な報道規制をさせないよう、ヒアリングの受け皿になる論議をしてほしい」と要請した。新聞協会、民放連とも質問がかなり出され、予想していた以上の感触だった。このときからメディア内部で初めて真剣な議論が始まったと言ってよいように思う。

第2節　事務局のたたき台

第1．裁判員制度関連の事務局原案

司法制度改革推進本部事務局は二〇〇三年三月一一日、裁判員制度・刑事検討会の第一三回検討会で、裁判員制度をめぐる「第一ラウンド」の論議を集約した「裁判員制度について」（いわゆる「たたき台」）を公表した。また、二〇〇三年五月三〇日の第一九回検討会では、後日、改正刑事訴訟法の内容となった「刑事裁判の充実・迅速化について」の「たたき台」も事務局から提出された。これら二つの「たたき台」のうち報道制限に関係する部分と、同時に公表された説明文書は基本的な資料なので、その要点を紹介しておきたい。

（1）裁判員と補充裁判員の義務

［たたき台］裁判員及び補充裁判員は、誠実にその職務を行わなければならず、品位を辱めることのないようにしなければならないものとする。裁判員及び補充裁判員並びにこれらの職にあった者は、裁判の公正さに対する信頼を損なうおそれのある行為をしてはならない

［説明］司法制度改革審議会の意見が「裁判員の職務の公正さの確保のために採るべき措置についても更に検討する必要がある」と述べていることを踏まえたものである。裁判員の職務にかんがみ、裁判の公正に対する信頼の保持の重要性から、特に、このような義務をもうける必要があるのではないか。

（2）裁判員等の秘密漏洩罪

［たたき台］　裁判員、補充裁判員又はこれらの職にあった者が評議の経過若しくは各裁判官若しくは各裁判員の意見若しくはその多少の数その他の職務上知り得た秘密を漏らし、又は合議体の裁判官及び他の裁判員以外の者に対しその担当事件の事実の認定、刑の量定等に関する意見を述べたときは、〇年以下の懲役又は〇円以下の罰金に処する。

［説明］　裁判の公正及びこれに対する一般の信頼の保護のためには、このような罰則が必要ではないか。前半の部分は守秘義務に対応するものである。一方、後半の部分の行為は、裁判の公正さに対する信頼を損なうおそれのある行為の一類型に当たると思われる。例えば、裁判員が、審理が終了してもいないときに、公に「この事件は有罪だと思う」とか、逆に「この被告人は無実だと思う」というような発言を行うことは相当ではなく、裁判に対する一般の信頼を著しく損なう行為に当たるのではないか。

（3）　裁判員等に対する請託罪等

［たたき台］　裁判員又は補充裁判員に対し、その職務に関し、請託した者は、〇年以下の懲役又は〇円以下の罰金に処するものとする。事件の審判に影響を及ぼす目的で、裁判員又は充裁判員に対し、その担当事件に関する意見を述べ又はその担当事件に関する情報を提供した者は、〇年以下の懲役又は〇円以下の罰金に処する。

［説明］　裁判員等に対する不当な働きかけを処罰するため、裁判員等に対する請託等の行為を処罰するものである。やはり、裁判の公正及びこれに対する信頼を保護しようとするものである。

（4）　裁判員等威迫罪

［たたき台］　裁判員、補充裁判員若しくはこれらの職にあった者若しくは裁判員候補者又はその親族に対し、面談、文書の送付、電話その他のいかなる方法によるかを問わず、その担当事件に関して、威迫の行為をした者は、

〇年以下の懲役に処するものとする。組織犯罪処罰法第七条の対象行為に、この威迫行為を加える。

［説明］裁判員等に対する威迫行為は、請託等と同様、裁判員等に対する不当な働きかけであることから、これを処罰対象とするものであり、やはり、裁判の公正及びこれに対する信頼を保護しようとするものである。また、威迫行為は、同時に、個々の裁判員等の個人的平穏ないし自由に対する侵害行為でもあると思われるので、その保護を図るものでもある。

（５）裁判員等の個人情報の保護

［たたき台］訴訟に関する書類であって、裁判員、補充裁判員又は裁判員候補者の氏名以外の個人情報が記載されたものは、これを公開しないものとする。何人も、裁判員、補充裁判員又は裁判員候補者の氏名、住所その他のこれらの者を特定するに足る事実を公にしてはならない。

［説明］欠格事由等や、理由付き忌避（筆者注・裁判員等に職務執行の不公正を疑わせるような事由がある場合、検察官、被告人・弁護士から、その人には事件に関する職務を行わせないよう、理由を明らかにして申し立てること）、理由を示さない忌避に関する判断を適切に行うためには、裁判員等の個人情報を把握することが必要となるが、一方では、それら個人情報は十分に保護する必要があると考えられる。訴訟に関する書類には、裁判員等の氏名のみならず、その生年月日、住所、職業等の個人情報が記載されることが考えられるところ、訴訟記録は、当事者の閲覧に供されるほか、事件確定後は、刑事確定訴訟記録法の手続に従い、一般にも公開されるのが原則となる。しかしながら、これらの個人情報は、専ら裁判員等の選任を適正に行うために収集・記録された情報であるから、裁判員等の選任の適正を期するために当事者に開示する場合以外に、公開する必要性は乏しく、特に、その氏名以外の個人情報については、プライバシーとして保護する必要性が高い。

（6）裁判員等に対する接触の規制

［たたき台］何人も、裁判員又は補充裁判員に対して、その担当事件に関し、接触してはならないものとする。何人も、裁判員又は補充裁判員が職務上知り得た秘密を知る目的で、裁判員又は補充裁判員であった者に対して、その担当事件に関し、接触してはならない。

［説明］裁判の公正及びこれに対する信頼の確保のために、裁判員等に対する接触を一定範囲で規制することとするものである。現に職務に就いている裁判員又は補充裁判員に対して、その担当事件に関して、手続外で接触することは、請託や威迫、情報提供などを目的とする場合は、もちろん裁判の公正を害する行為であるが、仮にそのような目的を有しない場合であっても、その心証形成に影響を及ぼす可能性があるし、そうでなくとも、国民一般から見れば、裁判員等が法廷外で事件に関する心証を得たのではないかとの疑いを生じさせる行為であり、裁判の公正に対する信頼を損なう行為であるとも考えられる。また、担当事件に関し裁判員等に接触する行為は、その生活の平穏を害するおそれがあり、そのような行為が許されるとすると、広く一般の国民が裁判員となることをためらわせることとなるおそれもあるとも考えられる。

後半は裁判員等であった者に対する接触の規制である。例えば、裁判終了後に、裁判員等であった者が、その経験から得た感想等を述べることは、裁判員制度、ひいては刑事司法制度に対する国民の関心と信頼を高めることに役立つものであるから、担当事件に関し裁判員等であった者に対する接触を一般的に規制することは適当ではないと考えられる。しかし、裁判員等であった者が、担当した事件の内容を公にすることは、事件終了後であっても適当ではないとも考えられる。裁判員や補充裁判員となった者は、法廷で取調べられた証拠を通じ、その担当事件の内容を知ることとなるわけであるが、その中には、関係者のプライバシーに深くかかわる内容も含まれているのが通常である。裁判員等となった者は、あくまで、その職務を果たすために必要であったからこそ、そのようなことを知ることができたにすぎず、職務と関係ないところで、そのようにして知り得た内容を公にすることが許されるわけではないのではないか。そうだとすると「知り得た事件の内容を公にする目的」で裁判員等であった者に接触することも規制されてしかるべきだとも考えられる。

（7）裁判の公正を妨げる行為の禁止

［たたき台］

ア　何人も、裁判員、補充裁判員又は裁判員候補者に事件に関する偏見を生じせしめる行為その他の裁判の公正を妨げるおそれのある行為を行ってはならない。

イ　報道機関は、この義務を踏まえ、事件に関する報道を行うに当たっては、裁判員、補充裁判員又は裁判員候補者に事件に関する偏見を生ぜしめないように配慮しなければならない。

［説明］裁判の公正を妨げるおそれのある行為を一般的に規制するものである。事件に関する報道は、もとより、国民の知る権利の観点等からして重要な役割をになうものであるが、その一方で、その在り方によっては、事件に関する偏見を生ぜしめる可能性があることも否定できないところであると考えられる。そこで、報道機関が、他の者と同様に、アの義務を負うことを踏まえ、事件に関する報道に当たっては、偏見を生ぜしめることのないよう配慮を求めるというものである。

第２．刑事訴訟法関係の事務局原案

［たたき台（開示証拠の目的外使用の禁止）］被告人及び弁護人は、開示された証拠の写し又はその内容を当該

被告事件の審理の準備以外の目的で使用してはならない。裁判所は、被告人又は弁護人が、その義務に違反したときは、決定で、○万円以下の過料に処することができる。過料の決定に対しては、即時抗告をすることができる。被告人又は弁護人が、開示された証拠の写し又はその内容を当該被告事件の審理の準備以外の目的で使用したときは、○年以下の懲役又は○万円以下の罰金に処する。

［説明］被告人及び弁護人は、開示された証拠の写し又はその内容を当該被告事件の審理の準備以外の目的で使用してはならないというものである。証拠の開示は、あくまでも、当該被告事件の審理の準備のためになされるものであり、しかも、その証拠には、事件関係者のプライバシー・名誉に関する情報等が記録されていることなどから、目的外使用は許されないことを明らかにする必要があるという趣旨によるものといえる。

第3．罰則

裁判員法のメディアに関連する条項は、前記のほかに、事件の審判に影響を及ぼす目的で働き掛ける「裁判員等に対する請託罪」や、不当な圧力をかける「裁判員等威迫罪」があるが、これらは誰でも罪に問われる犯罪であり、メディア関係者だけに特有の問題ではない。

たたき台では「裁判員等の個人情報の保護」「裁判員等に対する接触の規制」「裁判の公正を妨げる行為の禁止（偏見報道の禁止）」については、いずれも罰則を設けないとされたことに注意しておきたい。メディア関係者に罰則規定がかかる可能性があるのは、「裁判員等の秘密漏洩罪」と「開示証拠の目的外使用罪」にかかわる場合に限定された。

第３節　法的規制案への対処

第１．メディアのヒアリング

（１）日本新聞協会

メディアからのヒアリングは二〇〇三年五月一六日の第一七回裁判員制度・刑事検討会で実現した。新聞協会の「人権・個人情報問題検討会」幹事は「事件・裁判報道がいかに社会にとって重要な役割を果たしてきたか」を強調した後、協会が決めた「裁判員制度に対する見解」という文書に基づき、事務局のたたき台は「『表現の自由』を実質的に制限する内容があり、このままでは刑事事件と裁判の取材・報道が制約を受け、国民の『知る権利』に応えられなくなる恐れが大きい」として、次の五点を要請した。

①　「表現の自由」「報道の自由」に十分配慮することを求める。
②　個人情報をすべて非公開にする制度設計にはしないことを求める。
③　裁判員を退いた人にまで接触禁止の網をかけるべきではない。
④　恣意的な運用を招く恐れがあるので偏見報道禁止の規定は全面削除すべきだ。
⑤　守秘義務が課せられる内容の範囲や期限をより明確にするよう求める。

幹事は、この問題に取り組む新聞協会の姿勢についても言及し、「報道機関による自主ルール」として以下の三つの具体策を協議中であることを表明した。

①　裁判員制度の導入を想定して、取材・報道指針を作成する用意がある。

② 評議中の裁判員への接触取材や裁判員の特定につながる個人情報の報道などは原則自粛する方向になると考えている。

③ 実効性を担保するため民放連や雑協と協調していく。

この日の検討会で筆者は「メディア内の討議も格段に深まっているので、メディアの自主的対応を見守っていただきたい」と要望した。そして、「たたき台」について「裁判員らの個人情報は、その保護に傾くあまり開示の道を断つことがないようにするべきで、開示の判断には本人の同意を必要とする。『接触の規制』の後段『何人も、裁判員又は補充裁判員が職務上知り得た秘密を知る目的で、裁判員又は補充裁判員であった者に対して、その担当事件に関し、接触してはならない』は削除する。自主的ルール作りの論議が大幅に進み、努力義務を置く必然性は薄まったので、『裁判の公正を妨げる行為の禁止』も削除する。『裁判員らの秘密漏洩罪』は守秘義務の範囲を限定するとともに、期限を定め、量刑も自由刑ではなく罰金にする」よう求めた。

(2) 日本民間放送連盟

民放連報道問題研究部会の会長は「たたき台は取材・報道の自由の観点から看過できない重大な問題がある」と指摘し、〝偏見条項〟について「われわれは被疑者・被告人であっても、推定無罪の原則を尊重して取材・報道を行っている。裁判員が予断や偏見にとらわれずに裁判を行うようにするためには、裁判官が裁判員に対して、法廷で採用された証拠のみに基づいて、事実認定し、量刑を決めるよう、裁判官が裁判員に対して常に指導していくことで対応すべきである」として削除を求めた。また「公正な裁判の実施のために、公判中の裁判員に関する取材や報道は原則として慎まれるべきだが、公判後においては裁判員経験者の発言する権利と、それに対応する取材の事由が確保されるべきだ。裁判員制度は国民参加型の司法制度であり、裁判員になって感じたこと、経験したことが社会的に共有されることが重要」だと述べた。

その上で「裁判員制度導入にあわせて取材・報道に関する新たなルールづくりの必要があると考えている。制度設計にあたっては、法律による規制・制限は最小限度なものとし、可能な限り報道界の自律的な取り組みにゆだねるべきだ」とし、協会として「裁判員らへの取材のルールなどについては自主的な指針を定める用意がある」と明言した。基本的に新聞協会と同趣旨の意見といえるだろう。

（３）日本雑誌協会

雑協編集倫理委員会の委員長は〝偏見条項〟について「『偏見』とは事実に基づかないものの見方を指すが、問題は『事実』が何であるかについて見解が大きく分かれうるということである。仮に『報道による偏見』があり得たとしても、（裁判官から裁判員への）質問手続によって排除されると考えるのが制度の趣旨である。アメリカにおいても、適正な裁判員選定手続が行われれば、被告人に不利益な報道が多数なされたということだけで、公正な裁判を受ける権利が侵害されたことにはならないと判断されている」と述べ、削除を要求した。

そして『公正な裁判』と「『報道の自由』をどのように調整するかは極めて困難な問題」と指摘し、「このような配慮義務を法律で定めることは、報道の自由を脅かす」と述べて「当面は、雑誌協会や新聞協会のような関係団体による自主的な検討と試行を優先させるべき」だと主張した。

第２．大詰めの議論

（１）日本新聞協会

裁判員制度・刑事検討会で法案骨子の取りまとめに向けた集中審議が二〇〇三年九月一一、一二の両日、行われることになった。事務局の「たたき台」をめぐる論議は大詰めに差しかかり〝偏見報道〟の禁止規定が法案に盛り込まれるかどうかは、この段階での論議の帰趨にかかっていた。

新聞協会は集中審議に向けて内部討議を深め、その直前の九月一〇日、司法制度改革推進本部へ「裁判員制度の取材・報道指針」を提出した。この指針は、「裁判の公正を妨げる行為の禁止は表現の自由や適正手続を定めた憲法の精神に触れる疑いがある」とし、特に偏見報道の禁止は「たとえ訓示規程であっても実質的に事件・裁判に関する報道を規制するものになりかねない上、何をもって偏見とするのかも明確でなく、恣意的な運用を導く恐れの強い規定だ」と述べて全面削除を求めた。それとともに、メディアへの懸念に対し『公正な裁判』を担保するうえでも重要な報道のあり方は、メディア側の自主的な取り組みによって追求していくべきだと考えている。『表現の自由』『報道の自由』は、『国民の知る権利』に応える民主主義社会の根幹でもあるからだ。この自主的な取り組みの一つが、裁判員制度の取材・報道に関する指針の制定であり、裁判員制度の骨格がまとまった時点でさらに検討し、最終的には、各社の取材・報道のガイドラインとなる指針を決定する」と表明し、以下の三点を明らかにした。

① 裁判員と補充裁判員の氏名、住所など、その人物が特定される個人情報は原則として裁判終了までは報道を控える。

② 裁判員が選任されてから一審判決が言い渡されるまで原則として裁判員らへの直接取材や取材の働き掛けは行わない。

③ 裁判員をめぐる取材・報道の問題が全報道機関に及ぶ場合は原則として事件を管轄する地裁とその地域の記者クラブが対応し、問題が全報道機関に及ぶ場合、協議機関は当該記者クラブとする。

メディア側が自主規制のルールに加えて協議機関の設置についても対外的に表明したのは極めて異例で、重要な意味を持っている。この説明を委員として聞いたとき、新聞協会の「指針」策定は社会に対するメディア側からの公的な約束と聞こえた。多くの委員が同様に受け止めたと話していた。

（２）日本民間放送連盟

民放連も同じ日に「裁判員制度に伴う取材・報道上の自律的取り組みに関する考え方について」という文書を推進本部事務局へ提出した。この文書で民放連はこれまでに、放送による権利侵害を救済するための自主的第三者機関であるＢＲＣ（放送と人権等権利に関する委員会）の設置などさまざまな取り組みを行ってきており、一九九七年には「日本民間放送連盟報道指針」を制定して「民間放送の報道活動は、民主主義社会の健全な発展のため、公共性、公益性の観点に立って、事実と真実を伝えることを目指す。民間放送の報道活動に携わる者は、この目的のために、市民の知る権利に応える社会的役割を自覚し、常に積極的な取材・報道を行うとともに、厳しい批判精神と、市民としての良識をもち、ジャーナリストとしての原点に立って自らを律する」としていることに注意を求めた。そして「いずれも憲法上の重要な価値である『報道の自由・国民の知る権利』と『公正な裁判』はバランス良く実現することが可能である」と述べ、「裁判員に関する取材・報道についての指針」には、次のような項目が含まれることになると考えていることを明らかにした。

① 公判中の裁判員への取材は原則として行わない。公判中の裁判員に関して個人を特定するような報道は原則として行わない。
② 公判後における裁判員経験者の個人情報の取り扱いは本人の意思を尊重する。
③ 取材・報道に関し検討すべき課題が生じた場合は、裁判所と十分協議する。

第3．検討会の議論

（1）集中審議

二〇〇三年九月一二日、集中審議二日目の第二五回裁判員制度・刑事検討会で「たたき台」の「裁判の公正を妨げる行為の禁止」について意見交換が行われた。この席で三つに大別される意見が出された。強引に要約すれば次のようになる。

a．法律で訓示的な規定を置くことに賛成の意見

高井康行委員（弁護士、元検察官）「池田小学校の事件であるとか、大々的に報道されたような事件で、一般国民の人たち、読者が、あの人はとんでもなく悪い人だと思うような報道がされている事件については、予断偏見がないとは到底考えられない。そういう実態があるということを前提にして、さあどうするかということを考えなければいけない」

酒巻匡委員（京都大学教授）「できる限り報道機関が自主的な形で理性的な対応をしていただくことが、長い目で見て、国による法的な規制を回避する最も適切な道ではないか。しかし、表現の自由が高度に保障されているからといって、同様に憲法的価値である裁判の公正を害する行為をしてはいけないというのは前提になるわけであり、それを踏まえて配慮してくださいということを罰則なしに、つまり厳格な規制ではなくて訓示的に述べるということですから、この条文の構造は、特別の法的義務を課して報道の自由等を具体的に制約するようなものではない。このような訓示規定を設けることは問題なく、たたき台のとおりでいい」

本田守弘委員（最高検検事）「偏見を生ぜしめる行為とか、その他裁判の公正を妨げるおそれのある行為を行ってはいけないというのは、裁判員制度をうまく機能させていくためには、当然のことで、これは国民の義務だろう。報道機関であっても一般国民と同様の義務を負うというのは当然のことだ。訓示規定ということで、こういったことを書いておくこと自体は、それなりの意味がある。報道機関にもそれなりの配慮を求めるということは、当然のことではないか」

平良木登規男委員（慶応義塾大学教授、元裁判官）「公正な裁判を妨げるということは、裁判の否定につながりかねないところがある。ここのところが根本的なものだとすると、自主規制もしてください、しかしこちらの方でもやはり注意的にこういうことを掲げるということは悪いことではない。このたたき台でいいだろう」

樋口建史委員（警察庁刑事企画課長）「一部に確かに過熱した事件報道があります。だれが実行犯であるとか、だれが主犯格であるかといったことまで、かなり確定的に報道されることも見られる。読者からすればそういうことがいかにも事実であるといった印象を与えるものであろうと思います。偏見を生ぜしめるかどうかの判定というのは、大変難しいところだとは思うんですけれども、こういった訓示規定はやはり重要で必要なものではないか」

b．自主的措置を見守る意見

清原慶子委員（東京都三鷹市長）「民主主義の社会の中でメディアが果たす役割を、メディア自身が重く受け止めて、自主的に規律していただくというのが最も望ましい在り方で、大いにそれに期待をさせていただきたい。この報道は偏見を生ぜしめたとか、そういう判断をするのは極めて困難であるだけではなくて、非常に恣意的となることが危惧される。なるべく自主的な規律でということで、こうした行為の禁止はあったとしても、これに罰則とか、そういったものが付かない形の在り方を、ぎりぎりまで検討していくべきだ」

池田修委員（東京地裁所長代行）「犯罪報道の中で、かなり行き過ぎたと思われるようなものがあることは間違いない。裁判員制度は裁判官が加わるので、裁判官が、それまでに裁判員が得た資料ではなくて、ここの法廷できちっと自分で見、自分で聞いた証拠によって判断していくんだということを話せば、その影響はなくなるだろうという期待ももちろんあるわけです。ただ、こういった行き過ぎをなくすのも必要なことで、自主的なルールをつくろうという動きがあることは結構なことだと思いますし、それをもっと進めていただいて、最終的にこういう規定を盛り込むのかどうかというのを決めていけばいい」

c．法的規制条項は削除する意見

四宮啓委員（弁護士）「今の犯罪報道の在り方がすべていいと言うつもりはありませんけれども、少なくとも、一定の犯罪が起こったときに、これは国民にとっては非常に重要な情報ですので、それを伝えることは憲法上の価値とされている。こういう規定を置くことは、大変に問題がある。報道の自由、表現の自由というものも、それからもちろん公正な裁判というものも、どちらも大事な憲法上の価値ですので、なるべくそれが両立するようにぎりぎりまで工夫をすべきである」

大出良知委員（九州大学教授）「新聞協会が中心になって、この問題についてどういう対応をされるのかということが、非常に重要な意味を持っている。加盟各社の取材・報道の際のガイドラインとなる指針の制定に向けて協議をしているということ、あるいは、最終的には各社の取材・報道のガイドラインとなる指針を決定するということをおっしゃっていますので、報道機関の自主的な判断にお任せするということであってもいいのではないか。この規定は削除するべきだ」

このように大変ニュアンスに差がある意見の分かれ方が見られた。現在も行われている主張の骨格はほとんど、ここで述べられたと言ってよいだろう。法律で規定を置くことに賛成の意見は五人。これに対して、法規制に反対の意見は筆者を含めて三人、自主的措置を見守るという意見が二人という状況だった。座長は意見を述べない慣例なので、賛否いずれかに分ければ、法規制の立法化をめぐる意見は真っ二つに割れてしまったと言ってよい。これでは、事務局も強引に法案の立法化を進めるわけにはいかないだろうと、少し安心した覚えがある。結果的に法規制が見送られたとはいえ、それは極めて微妙な力関係の下での選択だということを知っておいてほしい。

(2) 筆者の意見

筆者がこの時に述べた意見は、偏見報道禁止規定を削除し、メディアの自主ルールに委ねるべきだという内容だ。少し長いが、議事録を要約しながら引用してみたい。

「新聞協会の文書に協議機関について書いてあるところは担保措置と理解していただいていいと思います。問題がすべての報道機関に及ぶ場合に、地元の記者クラブと裁判所との間で協議して、具体的な対応を決めていこうという考え方を表明しております。同時に新聞協会は『法曹三者や裁判員経験者との協議の場の設定に努めていく』ということも決めています。各社が、自分の社はこの問題について、報道の指針としてこういうふうにあるべきだと考えるということを決めて新聞協会にペーパーを出し、それを基に討議をして全員一致によりまとまったのがこの内容だということです。新聞協会が一定の方向性を出したということは、活字、電波、全体について大きな影響力を持つ指針になっていると受け止めていただいていいだろうと思います。自主ルールの違反は地元記者クラブの総会テーマになります。記者クラブで処分が決められますと、当該記事を書いた記者、それからそれを公表した新聞社、テレビ局、そういったところが釈明を求められて、その説明が納得いかない場合には除名処分、あるいは登院停止（筆者注・在籍は認められるものの記者室から机や電話機などが撤去され、入室もできない）、出入禁止（筆者注・一定期間記者室には入れないが、机などは残される）というような制裁が待っています。違反行為の防止を担保するものが何もないではないかというふうに疑問を抱かれるかもしれませんが、そういった波及効果が出てくる問題だということです」（この時期の議論については椎橋隆幸「裁判員制度と報道の在り方」［ジュリスト一二六八号、二〇〇四年六月］など参照）

第4．立法過程の論議

（1）座長ペーパー

井上座長は二〇〇三年一〇月二八日の第二八回検討会で、それまでの論議を集約した「考えられる裁判員制度の概要について」（いわゆる「座長ペーパー」）を公表した。そのうちメディアに関する部分と、同時に公表された『考えられる裁判員制度の概要について』の説明」と題する文書（いわゆる「座長説明」）の主な内容を要約し、対比してみると、以下のようになる。

1．裁判員法関係

a．裁判員等の秘密漏洩罪

［座長ペーパー］「裁判員、補充裁判員又はこれらの職にあった者が評議の経過若しくは各裁判官若しくは各裁判員の意見若しくはその多少の数その他の職務上知り得た秘密を漏らし、又は合議体の裁判官及び他の裁判員以外の者に対しその担当事件の事実の認定、刑の量定等に関する意見を述べたときは、〇年以下の懲役又は〇円以

下の罰金に処する」規定を設ける。

［座長説明］判決を言い渡した裁判体の構成員であった者が、後になって、各々てんでに、あれは間違っていたとかこうすべきであったとかいった意見を表明するようなことになりますと、裁判の信頼性は大きく損なわれることになり、裁判制度の存立そのものにも影響を及ぼしかねない。

b．裁判員等の個人情報の保護

［座長ペーパー］訴訟に関する書類であって、裁判員、補充裁判員又は裁判員候補者の氏名以外の個人情報が記載されたものは、これを公開しないものとする。何人も、裁判員、補充裁判員又は裁判員候補者の氏名、住所その他のこれらの者を特定するに足る事実を公にしてはならないとする。

［座長説明］保護の範囲について「職業、性別、年齢等の一般的な情報は公開してよいのではないか」「学術研究目的などの例外的な場合には公開する余地を残すべきではないか」などといった意見が述べられたが、個人情報の保護を優先すべきだと考えた。

c．裁判員等に対する接触の規制

［座長ペーパー］何人も、裁判員又は補充裁判員に対して、その担当事件に関し、接触してはならないものとする。何人も、裁判員又は補充裁判員が職務上知り得た秘密を知る目的で、裁判員又は補充裁判員であった者に対して、その担当事件に関し、接触してはならないとする。

［座長説明］裁判員は職業上守秘義務を課される者の場合とは異なり、たまたま選ばれていっとき裁判に関与しただけで守秘義務が課されるわけだから、そういう立場の人に必要以上の負担を負わせることがないようにするため、他の者がこれに働きかけて守秘義務を破らせ、秘密に属する事項を明らかにさせようとすることを封じる

のが適切だ。

d．裁判の公正を妨げる行為の禁止

［座長ペーパー］何人も、裁判員、補充裁判員又は裁判員候補者に事件に関する偏見を生ぜしめる行為その他裁判の公正を妨げるおそれのある行為を行ってはならない。（事務局案にある）「報道機関は、この義務を踏まえ、事件に関する報道を行うに当たっては、裁判員、補充裁判員又は裁判員候補者に事件に関する偏見を生ぜしめないように配慮しなければならない」との点については、報道機関において自主的なルールを策定しつつあることを踏まえ、更に検討する。

［座長説明］この問題は、報道の自由や国民の知る権利の保障に直接かかわる微妙かつ重要な問題であり、検討会の場でも、報道機関による自主ルールの策定が進められている状況が報告されているところであるので、その状況をも踏まえながら、更に慎重かつ十分な検討を行った上で結論を出すのが適切であると思われた。

2．刑事訴訟法関連

a．開示証拠の目的外使用の禁止

［座長ペーパー］

ア　被告人及び弁護人は、開示された証拠の複製その他その内容の全部又は一部をそのまま記録した物又は書面を当該被告事件の審理の準備以外の目的で使用してはならない。

イ　裁判所は、被告人又は弁護人が、アの義務に違反したときは、決定で、○万円以下の過料に処することができる。過料の決定に対しては、即時抗告をすることができる。

ウ　被告人又は弁護人が、開示された証拠の複製その他その内容の全部又は一部をそのまま記録した物又は書面を当該被告事件の審理の準備以外の目的で使用したときは、〇年以下の懲役又は〇万円以下の罰金に処する。

［座長説明］検察官による証拠開示は、あくまで被告人側が当該被告事件の審理の準備を十分に行うことができるようにするという目的ないし趣旨でなされるものであり、被告人側に、当該証拠のコピー等を、当該被告事件の審理とは関係なく自由に利用し得るようにするためのものではないというご指摘があった。また、開示される証拠を当該被告事件の審理の準備以外の目的で使用することが許されるということになると、そのことをも考慮に入れて、証拠の開示に伴って生じ得る弊害等について判断せざるを得なくなり、開示が認められる範囲が狭くなる可能性があるというご指摘や、刑事事件における証拠を学術研究目的や民事訴訟における証拠として使用することを可能にするための方策は現行法においても設けられており、そのような方策によるのが本来の在り方だというご指摘などもあり、これらのご指摘には理由があると考えた。

3．報道との関係の修正

座長ペーパーは報道との関係で三つの大きな修正を行った。第一は、「裁判員等に対する接触の規制」だ。検討会では「接触の規制を行うべきだ」という意見が多かったが、さらに絞りをかけ、他の者が元裁判員に働きかけて守秘義務を破らせ、秘密に属する事項を明らかにさせようとすることを封じるのを主眼とした。

第二は「裁判の公正を妨げる行為の禁止」だ。メディア側が最も重視していた偏見報道禁止条項は、報道機関が自主的なルールを策定しつつあることを踏まえ、さらに検討することとなった。メディア側が表明した「取材・報道指針」などに一定の配慮を加えた内容といえ、これならば最悪の事態は避けられると、少し安堵したことを覚えている。特に、「裁判の公正を妨げる行為」を禁止する規定が残ったものの、報道機関を特定した法的義務づけが検討事項として先送りされたことは、メディアにとって極めて重要な意味を持つ出来事だった。

第三は、「開示証拠の目的外使用禁止」の一部修正だ。たたき台が使用禁止とした「写し又はその内容」を「複製その他その内容の全部又は一部をそのまま記録した物又は書面」と改めた。議論の中で、規制の範囲が広がりすぎないかという指摘があったことに配慮し、目的外使用禁止の対象をより明確にしたといえるだろう。しかし「学術研究や報道の目的で利用することを許すべきである」という意見に対しては厳しい姿勢を崩さなかった。これ以上、突っ込んだ議論は行われなかったが、今後、尾を引きそうな結論だと感じた

（2）メディアの反応

新聞協会編集委員会は二〇〇三年一二月一七日、「『井上座長試案』に対する見解」を公表し、「裁判員等の秘密漏えいに懲役刑を設けるなど司法制度改革の理念の根幹をなす『国民に開かれた司法の実現』に逆行する内容になっているうえ、新聞協会が削除を求めてきた、憲法で保障された『表現の自由』を実質的に制限する条項も設けられたままで、十分な論議を踏まえての試案であるのか、疑問と言わざるを得ない」と批判した。

そして「新聞倫理綱領を改定し、集団的過熱取材の見解を公表して人権・プライバシーに配慮してきた。外部識者らをメンバーとする報道検証機関を設けた社も多い。裁判員制度がスタートすれば、こうした取材・報道姿勢は一層、徹底されていくだろう。裁判の公正さを尊重し、報道倫理を守っていくことは言うまでもなく、各社がそれぞれ自主的に取り組んでいく課題である」と再度、自主的な取り組みを強調した。「偏見報道の禁止」規定については「たとえ訓示規定であっても実質的に事件・裁判に関する報道を規制するものになりかねないうえ、何をもって『偏見』とするのかも明確でない。恣意的な運用を導く恐れの強い規定であり、表現の自由や適正手続を定めた憲法の精神に触れる疑いがある。推進本部が法案の骨子を取りまとめる際には、こうした新聞協会の

姿勢を十分配慮するように強く求める」と、重ねて全面削除を求めた。

(３)メディア規制見送り

裁判員制度・刑事検討会と並行して自民、公明両党のプロジェクトチーム（与党ＰＴ）が法案づくりを進めていた。小泉純一郎首相の下、衆参両議院を圧倒的多数の与党が握っている状況では、事前に与党が了承しない法案を国会へ提出しても通過する見通しはない。検討会の取りまとめも与党ＰＴの結論を横にらみしながら、せざるを得なかった。民主党など野党の内部でも論議の取りまとめが精力的に行われた

この当時のことで、忘れられがちだが、注目しておきたいのは、二〇〇三年一二月一〇日付で公表された雑協「個人情報・人権等プロジェクトチーム」の「『裁判員制度』への見解」と題する文書だ。この見解は「今回の『裁判員制度』をみると、問題点が非常に多く、直ちに是認されるものではない」と批判的に述べてはいるものの、以下の「基本姿勢」を提示している。

a．いわゆる「偏見報道」条項の全面的な削除を求める。

b．協会各社は、裁判の公正を妨げる報道を避けることに努め、原則として、裁判中の裁判員への接触は控えることとする。

c．裁判員の個人情報については原則として本人の意向を尊重し、報道にあたっては公正な裁判と人権尊重の立場から十分に配慮する。

与党ＰＴが新聞協会、民放連、雑協からのヒアリングを実施している時期の文書だ。雑協が取材・報道をするに当たり、「裁判の公正を妨げる報道を避けることに努め」るという「基本姿勢」を表明したことは、協会の真摯な検討状況を推測させ、重要な意味を持ったと思う。

与党PTは二〇〇四年一月二六日、事務局・座長の判断、各党の意見やメディアの批判を踏まえ、次のような結論を出した。

a．裁判員への接触禁止は罰則のない訓示規定とする。

b．メディアについては自主規制に任せる。

c．裁判員の氏名と住所は公開しないが、年齢、職業などは個人が特定されないような形にする。

こうして罰則付きのメディア規制は見送られた。

（4）政府提出法案

裁判員制度についての政府の骨格案「裁判員制度の概要について」は二〇〇四年一月二九日に公表された。新聞協会は二月一三日、推進本部に「『裁判員制度』骨格案に対する見解」を提出、「今回の骨格案では『偏見報道の禁止』規定が削除されるなど、当方の主張が入れられた部分もあるが、守秘義務の範囲、期限が明確化されていないことや、過去に裁判員等だった人を接触規制の対象にするなど、新聞協会が指摘したその他の部分では、なお不十分な点が多い」と是正を要望した。司法制度改革推進本部が先に公表した「刑事裁判の充実・迅速化」の骨格案が、被告人や弁護人に対し、開示された証拠の目的外使用を罰則付きで禁止している点についても、「『取材の制限』につながる危惧が大きい」と指摘した。

政府提出の裁判員法案には、個人情報保護を強化する規定として、司法制度改革推進本部の事務局案にはなかった「裁判員の氏名等漏示罪」が加わり、検察官、弁護人などが正当な理由なしに「裁判員候補者の氏名、裁判員候補者が質問票に記載した内容又は裁判員等選任手続における裁判員候補者の陳述の内容を漏らしたときは一年以下の懲役又は五〇万円以下の罰金に処する」とされた。

(5) メディア側の声明

裁判員法案が衆院法務委員会で審議入りするに当たり、新聞協会は二〇〇四年四月二日、以下のような『裁判員法』案についての声明」を発表した。

「今回の政府案では『偏見報道禁止』規定は盛り込まれておらず、この点については評価できる。だが、裁判員等だった人に課せられる守秘義務については『評議の経過やそれぞれの裁判官の意見並びにその多少の数その他の職務上知り得た秘密』などと、その範囲が明確でないうえ、義務を負う期限も限られていない。違反者に対しては一年以下の懲役または五〇万円以下の罰金を科す内容となっている。これでは、裁判員だった人が自らの経験をほとんど語れなくなってしまう。裁判がどのように行われたかを事後的に検証することは難しくなり、よりよい制度への議論の道も閉ざされる恐れがある。また、裁判員の個人情報については、どういう人が判断に加わったかが全く明らかにされなくては、裁判の公正に対する社会の信頼は得られない。接触禁止も、守秘義務の範囲が明確にされず、違反に対しては罰則規定があることと合わせて、実質的に取材を困難にするだろう。われわれは『裁判への国民参加』という理念に基づく今回の裁判員制度を、より開かれたものにするためには、国民に可能な限り多くの情報を開示することが必要だと考えている。その点、この制度下での取材と報道の役割が、一層の重要性を持つことは言うまでもない。今後の国会審議では、この点を踏まえたうえでの十分な審議が行われ、政府案の修正がなされることを要望する」

この日、民放連・報道委員会も「裁判員制度法案の委員会審議入りにあたっての意見」を表明した。「この新しい制度の導入にあたっては、国民が裁判に参加する意義についての幅広い理解が不可欠だ。しかしながら、国会に提出された法案は、裁判員に対して懲役刑付の厳しい守秘義務を課し、裁判を経験した裁判員がその経験を語ることをためらわせるものとなっている」「現在の法案には、国民の知る権利に応えるための自由な取材・報道活動を制約する危険性がなお残っている。当連盟は、こうした懸念が国会の審議を通して払拭されることを強く希望する」などとしており、趣旨は新聞協会とほぼ同じだ。

第5．裁判員法、改正刑事訴訟法の成立

(1) 修正と可決

国会では法案の一部修正が行われ、「裁判員等による秘密漏示罪」の罰則が「一年以下の懲役又は五〇万円以下の罰金」から「六月以下の懲役又は五〇万円以下の罰金」に軽減されるなどした。

こうして二〇〇四年五月二一日、裁判員法、改正刑事訴訟法が成立した。衆議院の採決は全員一致の賛成だったが、参議院の本会議では「無所属の会」の二人が反対票を投じ、賛成一八〇、反対二での可決だった。

(2) 裁判員法のメディア関係条項

裁判員法と改正刑事訴訟法のメディア関係条項は最終的に以下のようになった。報道にとって重要なので、ここにまとめておきたい。その前に、簡単に用語の説明をしておくと、以下の条文で言う「構成裁判官」とは、裁判員裁判の合議体を構成する三人の裁判官のことだ。また、「評議」というのは、裁判官と裁判員が事実認定や量刑について協議することをいう。

また、裁判員法は成立後に部分改正されたことに注意が必要だ。筆者が委員として加わった法制審議会の審議を経て、「部分判決」の制度（裁判員法第七一条から第九七条）が設けられた。連続殺人のように複数の事件で被告人が起訴されたケースでは、事件ごとにそれぞれ裁判員を選んで別々に審理（区分審理）し、それぞれの合

議体が「部分判決」を言い渡せる。例えば、A、B、Cの三事件が併合して審理される場合、地裁は最初にA事件の裁判員を選んで有罪か無罪かだけを判断し、部分判決を言い渡す。それに続いてB事件でも別に裁判員を選び、部分判決を行う。最後にC事件を別の裁判員で審理し、有罪か無罪かを判断した後、A、B両事件の部分判決を踏まえて量刑を決め、全体判決を言い渡す仕組みだ。あくまで例外という位置付けだが、審理の長期化を避け、裁判員の負担を軽くして、裁判員の選任もスムーズにする狙いがある。「選任予定裁判員」というのは、B、C事件のように後から行われる区分審理で裁判員になることが決まっている人のことを指す。

【裁判員法関係】

第七〇条（評議の秘密）構成裁判官及び裁判員が行う評議並びに構成裁判官のみが行う評議であって裁判員の傍聴が許されたものの経過並びにそれぞれの裁判官及び裁判員の意見並びにその多少の数（以下「評議の秘密」という。）については、これを漏らしてはならない。

2　前項の場合を除き、構成裁判官のみが行う評議については、裁判所法第七五条第二項後段の規定（筆者注・裁判官の守秘義務）に従う。

第一〇一条（裁判員等を特定するに足りる情報の取扱い）何人も、裁判員、補充裁判員、選任予定裁判員、又は裁判員候補者若しくはその予定者の氏名、住所その他の個人を特定するに足りる情報を公にしてはならない。これらであった者の氏名、住所その他の個人を特定するに足りる情報についても、本人がこれを公にすることに同意している場合を除き、同様とする。

（第二項略）

第一〇二条（裁判員等に対する接触の規制）何人も、被告事件に関し、当該被告事件を取り扱う裁判所に選任され、又は選定された裁判員若しくは補充裁判員又は選任予定裁判員に接触してはならない。
2 何人も、裁判員又は補充裁判員が職務上知り得た秘密を知る目的で、裁判員又は補充裁判員の職にあった者に接触してはならない。
(第三項略)

第一〇六条(裁判員等に対する請託罪等) 法令の定める手続により行う場合を除き、裁判員又は補充裁判員に対し、その職務に関し、請託をした者は、二年以下の懲役又は二〇万円以下の罰金に処する。
2 法令の定める手続により行う場合を除き、被告事件の審判に影響を及ぼす目的で、裁判員又は補充裁判員に対し、事実の認定、刑の量定その他の裁判員として行う判断について意見を述べ又はこれについての情報を提供した者も、前項と同様とする。
3 選任予定裁判員に対し、裁判員又は補充裁判員として行うべき職務に関し、請託をした者も、第一項と同様とする。
4 被告事件の審判に影響を及ぼす目的で、選任予定裁判員に対し、事実の認定その他の裁判員として行うべき判断について意見を述べ又はこれについての情報を提供した者も、第一項と同様とする。
第一〇七条(裁判員等に対する威迫罪) 被告事件に関し、当該被告事件の審判に係る職務を行う裁判員若しくは補充裁判員若しくはこれらの職にあった者又はその親族に対し、面会、文書の送付、電話をかけることその他のいかなる方法をもってするかを問わず、威迫の行為をした者は、二年以下の懲役又は二〇万円以下の罰金に処する。
2 被告事件に関し、当該被告事件の審判に係る職務を行う裁判員若しくは補充裁判員の選任のために選定された裁判員候補者若しくは当該裁判員若しくは補充裁判員の職務を行うべき選任予定裁判員又はその親族に対し、面会、文書の送付、電話をかけることその他のいかなる方法をもってするかを問わず、威迫の行為をした者も、前項と同様とする。

第一〇八条（裁判員等による秘密漏示罪）裁判員又は補充裁判員が、評議の秘密その他の職務上知り得た秘密を漏らしたときは、六月以下の懲役又は五〇万円以下の罰金に処する。

2　裁判員又は補充裁判員の職にあった者が次の各号のいずれかに該当するときも、前項と同様とする。

一　職務上知り得た秘密（評議の秘密を除く。）を漏らしたとき。

二　評議の秘密のうち構成裁判官及び裁判員が行う評議又は構成裁判官のみが行う評議であって裁判員の傍聴が許されたもののそれぞれの裁判官若しくは裁判員の意見又はその多少の数を漏らしたとき。

三　財産上の利益その他の利益を得る目的で、評議の秘密（前号に規定するものを除く。）を漏らしたとき。

3　前項第三号の場合を除き、裁判員又は補充裁判員の職にあった者が、評議の秘密（同項第二号に規定するものを除く。）を漏らしたときは、五〇万円以下の罰金に処する。

4　前三項の規定の適用については、区分事件審判に係る職務を行う裁判員又は補充裁判員の職にあった者で第八四条（筆者注・裁判員等の任務の終了）の規定によりその任務が終了したものは、併合事件裁判がされるまでの間は、なお裁判員又は補充裁判員であるものとみなす。

5　裁判員又は補充裁判員が、構成裁判官又は現にその被告事件の審判に係る職務を行う他の裁判員若しくは補充裁判員以外の者に対し、当該被告事件において認定すべきであると考える事実若しくは量定すべきであると考える刑を述べたとき、又は当該被告事件において裁判所により認定されると考える事実若しくは量定されると考える刑を述べたときも、第一項と同様とする。

6　裁判員又は補充裁判員の職にあった者が、その職務に係る被告事件の審判における判決（少年法第五五条の決定を含む。以下この項において同じ。）に関与した構成裁判官であった者又は他の裁判員若しくは補充裁判員の職にあった者以外の者に対し、当該判決において示された事実の認定又は刑の量定の当否を述べたときも、第一項と同様とする。

7　区分事件審判に係る職務を行う裁判員又は補充裁判員の職にあった者で第八四条の規定によりその任務が終了したものが、併合事件裁判がされるまでの間に、当該区分事件審判における部分判決に関与した構成裁判官であった者又は他の裁判員若しくは補充裁判員の職にあった者以外の者に対し、併合事件審判において認定すべきであると考える事実（当該区分事件以外の被告事件に係るものを除く。）若しくは量定すべきであると考える刑を述べたとき、又は併合事件審判において裁判所により認定されると考える事実（当該区分事件以外の被告事件に係るものを除く。）若しくは量定されると考える刑を述べたときも、第一項と同様とする。

【改正刑事訴訟法関係】

第二八一条の四（複製等の目的外利用の禁止）　被告人若しくは弁護人（第四四〇条に規定する弁護人を含む。）又はこれらであつた者は、検察官において被告事件の審理の準備のために閲覧又は謄写の機会を与えた証拠に係る複製等を、次に掲げる手続又はその準備に使用する目的以外の目的で、人に交付し、又は提示し、若しくは電気通信回線を通じて提供してはならない。

一　当該被告事件の審理その他の当該被告事件に係る裁判のための審理

二　当該被告事件に関する次に掲げる手続
イ　第一編第一六章の規定による費用の補償の手続
ロ　第三四九条第一項（筆者注・刑の執行猶予取り消し）の請求があつた場合の手続
ハ　第三五〇条（筆者注・執行猶予取り消し）の請求があつた場合の手続
ニ　上訴権回復の請求の手続
ホ　再審の請求の手続
ヘ　非常上告の手続
ト　第五〇〇条第一項（筆者注・訴訟費用執行免除）の申立ての手続
チ　第五〇二条（筆者注・執行に関する意義）の申立ての手続
リ　刑事補償法の規定による補償の請求の手続

２　前項の規定に違反した場合の措置については、被告人の防御権を踏まえ、複製等の内容、行為の目的及び態様、関係人の名誉、その私生活又は業務の平穏を害されているかどうか、当該複製等に係る証拠が公判期日において取り調べられたものであるかどうか、その取調べの方法その他の事情を考慮するものとする。

第二八一条の五（罰則）被告人又は被告人であつた者が、検察官において被告事件の審理の準備のために閲覧又は謄写の機会を与えた証拠に係る複製等を、前条第一項各号に掲げる手続又はその準備に使用する目的以外の目的で、人に交付し、又は提示し、若しくは電気通信回線を通じて提供したときは、一年以下の懲役又は五〇万円以下の罰金に処する。

２　弁護人（第四四〇条に規定する弁護人を含む。以下この項において同じ。）又は弁護人であつた者が、検察官において被告事件の審理の準備のために閲覧又は謄写の機会を与えた証拠に係る複製等を、対価として財産上の利益その他の利益を得る目的で、人に交付し、又は提示し、若しくは電気通信回線を通じて提供したときも、前項と同様とする。

（3）個人情報の保護

裁判員らの個人情報を保護することが極めて重要なのは言うまでもない。新聞やテレビ、雑誌で住所、氏名などが公表され、それが原因となって事件関係者から圧力を受けたり、家族の安全が脅かされたりすることはあってはならない。メディア側は、取材はしても記事にはしないなどの方法で協力をする必要があり、報道の仕方について、細かく検討し、工夫をしなければならない。

しかし、個人情報の保護に完璧を期そうと、罰則付きで秘密性を強化してしまうと、かえって社会的利益に反する場面が生じる。例えば二〇〇七年に再審で無罪となった富山事件のように、被告人が有罪判決の確定によって服役した後、真犯人が判明するなどして、冤罪の疑いが濃厚だと分かったような場合、報道機関としては、確定判決に関与した人を知り、どのような事情があったのかなどを聞いて、過去の裁判を検証し、誤判であればその教訓を社会に伝える必要がある。それを不可能にしてしまうような個人情報保護の行き過ぎは公益に反するだろう。

これは、裁判員らに守秘義務を破るように教唆（そそのかすこと）する行為であって、「評議の秘密」を侵す違法行為に該当するとみる法曹関係者が多いだろうが、守秘義務違反に問うかどうかも、また、別の大局的判断が絡む問題なのではないか。このような対応はむしろ報道の存在意義にかかわることであり、その使命とさえ言ってもいいはずだ。

裁判員らの性別などの属性は、すべて秘密にしてしまうのではなく、何らかの形で公表してもよい。司法の世界は個人情報に限らず、情報の秘匿が優先する社会だったが、「司法の情報公開」は大切なことだ。国民参加を機会に、法曹関係者は司法の情報開示について真剣に検討してほしい。各地の地裁が、地元の新聞社、テレビ局などによる報道責任者会と提供について申し合わせをするシステムができないだろうか。

（４）偏見報道の規制

「事件に関する偏見」を招く報道を差し控えさせるという努力義務の規定が立法化されなかったことは、メディアにとって幸いだった。この規定ができれば、それを根拠とした規制が広く行われかねない恐れがあった。

当時を振り返ると、メディア側に法的措置に代わり得る「自主ルール」などの受け皿ができなければ、将来、この問題はどうなるのか分からず、新聞協会を中心に最高裁、法務省、日弁連とも協議を進めながら、具体的な指針を作り、公表してほしいと切に思った。新聞協会などに未加盟のメディアにどう対処していったらいいのかについても、さらに論議を深める必要性が強まっていると痛感せざるを得ず、圧倒的多数での法案可決を見ても、悩ましい思いから抜け出せなかった。

第3章　メディアの自主ルール

マスコミ倫理懇談会第51回全国大会で7項目の懸念報道について説明する最高裁の平木正洋総括参事官（左から3人目）=2007年9月、福井市

第1節　論議の再開

第1．私案の公表

（1）問題再燃への懸念

裁判員法の立法過程で起きた報道制限、メディア規制の動きは、裁判員制度関連の法律ができてから、ひっそりと鳴りを静めた。報道規制の心配がある条項が努力義務や訓示規定にとどまり、罰則付きでは立法化されなかったことで、メディア側は安心しきってしまったようだ。法曹三者（最高裁、法務省・最高検、日弁連）も、実施まで五年の猶予期間があり、それぞれ自分の領域で準備しておくべき公判対策などの手当てに追われた。メディアへの対応は二の次だったと言ってよい。

しかし、関連立法の経緯を振り返ると、裁判員制度の実施が近づくにつれ、刑事裁判への報道の影響を遮断しようという立法化の動きが再燃する心配があった。政府や与党ＰＴが「偏見報道の禁止」条項を削除するなどしたのは、メディアに理解を示したからなのでは決してない。三年の時間が切られた司法制度改革推進本部の存続期間などから逆算すると、メディアを反対に回していては法案成立の見通しが立たなかったからだ。たまたまメディア側が自主ルールを作る構えを示したため、政府・与党は法案の国会通過を最優先とし、メディアに責任をかぶせ、その動きを見守る形を残して、偏見報道禁止条項の削除に踏み切ったにすぎなかった。

刑事司法への国民参加との関連で大切な「公正な裁判」。それを実現するためには、どうしたらいいのか。メディア側は、こんなに、のんびりと構えてはいられないのではないか。そのような思いが募るばかりだった。

このままでは、裁判員裁判に悪影響を与えかねない。報道側が守るべき「自主ルール」について、ささやかな私案の提示を試みる必要があると決意し、たまたま原稿執筆の機会があった論文集で二〇〇六年一二月、『裁判員制度と報道のガイドライン』私案　公正な裁判目指し自主ルールを」を公表した（宮本康昭先生古稀記念論文集『市民の司法をめざして』〔日本評論社、二〇〇六年〕所収、二六四頁以下）。

（2）自主ルール私案

筆者が描いたガイドライン私案は次のようなものだった。

「裁判員制度と報道のガイドライン」私案

重大事件の刑事裁判に国民が参加する「裁判員制度」が二〇〇九年五月までに実施される。新聞協会加盟の各社は、「新聞倫理綱領」（二〇〇〇年六月二一日改定）に基づき、公正で正義にかなった刑事裁判を実現する新たな責務を果たすとともに、安易な法的規制を許さず、「報道の自由」の精神に基づいて市民の「知る権利」に応えていく。新聞協会は「裁判員制度の取材・報道指針」（二〇〇三年九月一〇日）を踏まえ、裁判員裁判の取材と報道に関するガイドラインを定め、加盟各社がこれに従うことを表明する。

〔節度ある取材〕

各社は「集団的過熱取材に関する新聞協会編集委員会の見解」（二〇〇一年一二月六日）を基に、新たな被害の回避に努める。被害者とその遺族、家族、関係者には節度を持って接し、嫌がる被害者らを集団で強引に包囲した状態での取材は行わない。相手が小学生や幼児の場合、取材方法に特段の配慮をする。

〔裁判員らの保護〕

① 個人情報の保護

裁判員、補充裁判員の住所、氏名など、その人物を特定できる個人情報は、原則として裁判が終了するまで、報道を控える。終了後に元裁判員らの氏名、住所を報じるか否かについては本人の意向を尊重する。裁判員候補者については、裁判員・補充裁判員への選任手続が終わるまで、本人を特定できる個人情報は報道しない。裁判員・補充裁判員に選ばれなかった人の個人情報については、本人の意向を尊重する。

② 裁判員らへの接触

裁判員・補充裁判員が選任されてから地裁の判決が言い渡されるまでの間、原則として裁判員・補充裁判員への直接取材や取材の働き掛けは行わない。

③ 法廷内の取材

法廷内の取材は裁判所または裁判長が事件の性質・内容、その他諸般の事情を考慮して許可した条件に従って行う。裁判員、補充裁判員、被告は撮影しない。

④ 裁判員らの守秘義務

「裁判員の参加する刑事裁判に関する法律」によって裁判員・補充裁判員や元裁判員らが負っている「評議の秘密その他の職務上知り得た秘密」を守る義務を尊重し、十分な配慮をする。

［裁判関係文書の扱い］

裁判所、検察庁、弁護団から提供された起訴状などの裁判関係文書は、報道の目的以外には使用しない。取り扱いについては裁判所、検察庁、弁護団と十分に協議し、信頼関係を傷つけないように留意する。

［公正な裁判の実現］

刑事事件の被疑者・被告人は、有罪判決が確定するまでは無罪の推定を受けるのが、刑事裁判の原則である。各社は、この原則を尊重し、裁判員をはじめ読者、視聴者らに被疑者・被告人が犯人であるとの予断を与えるおそれのある報道はしない。特に刑事裁判の進行中、次のような内容にかかわる報道は原則として行わない。

① 当該事件の被告人の人格を論評すること。

② 被告人が行った自白を明らかにすること。

③ 特定事件の評価に関してコメントまたは論評をすること。

また、事件関係者のインタビューについては慎重な取材と報道に努める。

[逸脱行為への対応]

「公正な裁判の実現」など前記各項目に違反する行為があった場合に対処するため、新聞協会は、外部の有識者からなる「裁判員制度の運営に関する委員会」（仮称）を設置する。

委員会は裁判官、検察官、被告人、弁護人、少年付添人、裁判員、補充裁判員ら当該事件の関係者から請求を受け、審査する。重大な違反があると認定したときは当該社に是正を勧告し、その社がとった具体的措置について報告を求めるなどの裁定を行う。裁定の内容と当該社の報告は直ちに公表する。

この私案は、これまでに新聞協会が作ってきたさまざまな指針、見解、基準などを基礎としている。各社の意見は大きく分かれるだろうが、この内容ならば、なんとか合意ができるかもしれないと期待した。ハードルが高すぎるというのならば、どういう内容であれ、合意さえできれば、何もないよりは良いだろうと考えていた。

第2．自主ルールは公約か

（1）社会的約束

私案の原稿を出版社へ渡したのは二〇〇六年三月二六日だった。いずれは政界、法曹界から指摘される重要問題だと考えていたこともあって、メディアの状況が心配でならなかった。そうした折、二〇〇六年九月二九日に山形市で開かれたマスコミ倫理懇談会全国協議会（マス倫懇）の第五〇回全国大会二日目の全体討議で、裁判員法の立法当時に新聞協会の幹事として見解の取りまとめに関与した記者が「二年後の裁判員制度の実施に備えてメディア内で自主ルールを作る討議を始めなければならない。メディア規制条項は、新聞協会などが自主ルールの制定を約束することで立法化が見送られたが、当時の与党プロジェクトチームの責任者は、いま、法務大臣をしている長勢甚遠氏だ。このままでいると、いつ、またメディア規制が蒸し返されるか分からない」と発言、二〇〇七年の大会テーマとして、自主ルール問題を取り上げるよう要望した。

メディアを対象とする罰則付きの規制は、裁判員制度・刑事検討会と与党プロジェクトチームのヒアリングで、メディア諸団体が「自主ルール」での対応を約束した結果、立法化が見送られたと筆者は考えている。実際、その後、数人の検討会委員に確かめたが、質問相手の全員が「自主ルールを作るのは新聞協会などの約束でしょう」と、当然のように答えた。

（2）メディアの論議再開

沈黙していたメディア内部の論議が再開されたのは、マス倫懇が終わってから一カ月ほどたった二〇〇六年一〇月からだった。新聞協会で集団的過熱取材への対応などを協議している社会・報道部長レベルの「人権・個人情報問題検討会」がこの問題の担当となった。私案を掲載した論文集はこの時期に刊行され、協会内では幹事団が裁判員制度下の取材・報道に関する論点を整理して各社に示し、討議が進められた。

二〇〇七年に入ると、日弁連が新聞協会に非公式の意見交換を求めてきた。人権・個人情報問題検討会と日弁連の非公式の懇談会は二〇〇七年二月二三日、東京・霞が関の弁護士会館で開かれた。内容は非公開だが、筆者の私案のほか、弁護士への取材方法、裁判官と裁判員が行う評議の中身についての検証方法などが討議された。

人権・個人情報問題検討会の幹事団がこのころ、「裁判員制度下の取材・報道に関する要望事項」の協議に入るため最高裁事務総局と接触したところ、最高裁からも「裁判員法が成立するに当たり、新聞協会は『公正な報道を担保するルール・機関』について検討すると明言したはずだが、その検討状況はどうなっているのか」と質問を受けた。最高裁側は「自主ルールに関して報道側が取り組まないのは約束違反だ」として、報道側から取材上の便宜供与を求められても協議には応じない可能性があるとの姿勢を示したと聞く。

（３）三類型報道の棚上げ論

事件・事故と裁判の取材・報道をめぐるメディアの状況は、外部からはどう見えるのだろうか。

例え話をすると、仮に「司法界」という国と「報道界」という国があったとして、両国間には事件・事故と裁判の取材・報道に関して正式には「法廷内のカメラ取材」条約があるだけだ。両国間のやりとりは、これまでの慣行に任され、しかも交易場所によって慣行も違っている。そして司法界、報道界は国内で、それぞれ独自に動いている。報道界の憲法は新聞倫理綱領であり、個別法としては「集団的過熱取材に関する新聞協会編集委員会の見解」が定められ、これには新聞協会内の組織と地元報道責任者会という救済機関がある。このような状況だといえるだろう。

しかし裁判員制度が始まったとき、これで大丈夫なのだろうか、ということだ。個別法の数は足りないし、この際、憲法と個別法の中間にある基本法として「自主ルール」を作り、対応するのがベストではないか。慣習法をできるだけ取り込んだ基本法にし、それを補完する両国間の条約に相当するものとして、最高裁と新聞協会が具体的な取材・報道に関する申し合わせを結ぶのが良いのではないかと思った。

私案の趣旨は、あくまでメディアが自ら作成する自律的な基本法としての「自主ルール」の提案だ。しかし、公表直後から、私案のうち「公正な裁判の実現」の部分に関心が集まり、日弁連や民放連などに呼ばれて、説明を求められるなどした。メディア関係者が自ら行った〝自主規制論〟と受け止められたようだが、筆者としては一時的な〝棚上げ論〟だった。これら三類型に該当する事柄であっても、一切報道をしないというのではなく、せめて刑事裁判が現実に進行している期間中ぐらい、自ら控えることはできないだろうか、という気持ちだった。

以下の三類型の報道を「刑事裁判の進行中、基本的に報道を差し控えることが望ましい」としたのは、次のような考えからだった。これは、イギリスのコモンロー研究者が法廷侮辱に該当すると指摘している①当該事件の被告人（・被疑者）の人格の論評②被告人によりなされた自白を暴露すること③特定事件の評価に関するコメントまたは論評――という違法な三類型（ブレンダ・スフリン「陪審裁判と報道の自由」［鯰越溢弘編『陪審制度を巡る諸問題』現代人文社、一九九七年］二九七頁以下）を参考とした。ただし、逮捕段階の被疑者について報道自粛を呼び掛けても全く顧慮はされないだろうことが見えているので、意図的に「被疑者」は外し、公判段階の「被告人」に限定した。私案で自粛を提案した理由は以下の通りだ。

① 当該事件の被告人の人格を論評すること

このような論評を読むと、この人は犯人だという印象が強まり、その結果、裁判官と裁判員の誤った判断を導くおそれが強まる。刑事裁判では、公判が検察官の起訴状という白紙の状態から始まるべきだとする「起訴状一本主義」が原則とされており、それを無にする可能性のある論評は、少なくとも公判進行中は自制したい。

②　被告人が行った自白を明らかにすること

自白の事実も、被告人が犯人だという心証を強く与える。自白の内容が報道されれば、読者や視聴者は、やはり被告人が犯人だったと思うことだろう。裁判官、裁判員もその報道を読んだならば、公判が始まる前に、もう犯人だと思ってしまうに違いない。

③　特定事件の評価に関してコメントまたは論評をすること

自分に理解できない事件・事故が起きると、誰であっても有識者の意見を聴きたくなる。もっともらしい分析があれば、大方の人は納得してしまうだろう。しかし、有識者の論評が証拠に基づかない思い込みだったり、見当違いの意見だったりすることもあり得る。社会的影響力の大きい人物であればあるほど、そのコメントを安易に紹介することは避けるべきだ。

よく聞かれたのは「刑事裁判の進行中とは、いつから、いつまでをいうのか」という質問だった。ここは、メディア内で合意ができさえするならば、どのような期間であってもよいので、あえてぼかしたのだが、メディア側にしてみれば棚上げ期間はできるだけ短い方が望ましいに決まっている。終わりは地裁の判決言い渡しで異論はないだろうが、始まりは①被疑者の逮捕②検察官による起訴③公判前整理手続の開始④裁判員候補者の呼び出し⑤裁判員の選任⑥第一回公判の開始――など、選択できるポイントがいくつもある。個人的なイメージとしては、誰から見ても客観的にどの時点と確定できるポイントでなければ取材や地裁との関係などで支障を来すと予想されるから、最も望ましいのは裁判員の選任当日ではないかと考えていた。

（４）委員会構想

私案では、「公正な裁判の実現」などに違反する行為があった場合に備え、新聞協会は、外部の有識者からなる委員会を設置する構想も提案した。これにも参考となる組織が既にメディア内では動いている。

NHKと民間放送各社が設立した「放送と人権等権利に関する委員会機構（BRO）」が重要な参考例だ。しかし、BROの活動が始まってからそれほど期間がたっておらず、その実績への評価はまだ定まったとはいえない。こうした事情もあって、私案の委員会設置提案は、メディア内ではそれほど関心を呼ばなかったようだ。

第3．懸念された報道

（1）最高裁総括参事官の懸念報道

二〇〇七年九月、福井市で開かれたマス倫懇の第五一回全国大会で、講師として招かれた最高裁刑事局の平木正洋総括参事官が七項目の「懸念される報道」を示し、「日本では捜査機関の発表や新聞・テレビの報道への信頼度が高い。これらの報道が行われると、裁判員はそれが間違いない事実だと思い、公正な判断ができなくなってしまうのではないか」と注意を求めた。裁判員に選ばれた国民の判断に報道が及ぼす影響への懸念が、これほど率直に最高裁側から公開の席で述べられたのは初めてのことだろう。懸念が表明されたのは次の七項目だ。

① 捜査機関から得た情報。松本サリン事件のときの報道が一例だが、捜査情報を確定した事実のように報じるのは控えるべきではないか。

② 被疑者・被告人の自白内容の報道。受け手に「被疑者イコール犯人」の印象を刷り込んでしまい、刑事訴訟法が保障している「被疑者・被告人の無罪推定の原則」を無意味にしてしまうのではないか。

③ 被疑者・被告人が不合理な弁解をしているという報道。

④　被疑者・被告人の毛髪のＤＮＡ鑑定が被害者のものと一致したなどという被告人を犯人視する報道。
⑤　被疑者・被告人の前科・前歴に関する報道。
⑥　被疑者・被告人の生い立ちや対人関係に関する報道。③から⑥の報道は有罪の前提に立っており、無罪の推定を無意味にしてしまう。
⑦　有識者・専門家のコメント。これも、一般の人に被疑者が事件を起こしたのは間違いないと、予断を抱かせる。

平木総括参事官は「これらの報道は、裁判員となる市民に予断や偏見を与える」と言う。「憲法が保障する報道の自由は大変重要だが、その一方、公正な裁判の保障も大切だ」とし、「双方のバランスを図るにはメディアの側が配慮をし、報道のガイドラインを作るのが重要ではないか」と問題提起した。

（２）メディア側からの反論

分科会の討議では全国紙の論説委員が「自白によって社会的な背景や問題が照らし出されることがある」と事件報道の意義を強調。他の出席者も「事件報道は社会のリスク情報であり、指摘された点はその重要な要素だ」「これでは掘り下げた事件報道ができなくなる」「これまでも被疑者と犯人を区別して報道している」と発言するなど、メディア側から質問、反論が相次いだ。

新聞協会、民放連、雑協の三団体からは自主ルール作りの現状報告があった。新聞協会は「事件報道の指針策定を進めている」と説明。民放連は「ワーキンググループを設置し、議論している」と報告した。一方、雑協は「報道を制限されては事件の全容を伝えることができない。ルールを作るつもりはない」と述べた。

自主ルールの是非には各社の編集方針などが絡み、意見をまとめるのは難しい。メディア側が最高裁、日弁連と同一の価値観に立たなければならない理由もない。しかしメディア側が重視する「報道の自由」と司法の側が重きを置く「公正な裁判」「予断の排除」という理念が両立できないわけでもない。

(3) 日本弁護士連合会の見解

もう一人の講師、西村健・日弁連裁判員制度実施本部事務局次長は、自白報道への疑問などは「弁護士の立場でも共感するところが多い」と話した。そして取材・報道の自由の重要性、公正な裁判を受ける権利の保障、無罪推定原則など被疑者・被告人の諸権利の擁護という三原則を踏まえ、メディアが「基本的には自主ルールを求めていってほしい」と要請した。

マス倫懇の終了後、日弁連は二〇〇七年一二月の文書で、裁判員制度に向けた事件報道の見直しについて以下の諸点を検討課題に挙げた。

① 被疑事実・公訴事実が刑事裁判の一方当事者である捜査・訴追機関の見解にすぎないことが正確に報じられるべきである。
② 捜査機関から取得した情報を報道するときは、捜査機関が取材源であることが明らかにされるべきである。
③ 捜査機関が公表した被疑者・被告人の自白については、報道するか否か、報道する場合の扱いについて特に慎重な検討がなされるべきである。
④ 被疑者・被告人の前科・前歴は基本的に報道を差し控えられるべきである。
⑤ 被疑事実・公訴事実と関係しない、被疑者・被告人やその親族、被害者ら関係者のプライバシーにわたる事実は報道を差し控えられるべきである。
⑥ 取材・報道について申立てを受け付け、これを審査し、一定の裁定をなす第三者機関である「報道評議会」を設置すべきである。

こうして、最高裁、日弁連からの問題点の指摘を受け止める形で、自主ルールの制定に向けたメディア側の議論に拍車が掛かった。

第２節　メディア側の指針

第１．日本新聞協会

(1) 取材・報道指針

新聞協会は二〇〇八年一月一六日「裁判員制度開始にあたっての取材・報道指針」を公表した。裁判員制度が二〇〇九年に実施されるのを機に、事件の被疑者を犯人と決め付けた報道（犯人視報道）はしないことを再確認し、被疑者の供述などを報じる際の注意事項をまとめた。指針はまず「公正な裁判と報道の自由の調和を図り、知る権利に応えていく」と宣言。事件報道には真相解明のほか、社会不安の解消、再発防止策の追求、捜査や裁判のチェックという目的・意義があることをあらためて確認した。その上で、過度の予断を与えず、被疑者の権利を侵害しない観点から三つの注意事項を列記した。

① 捜査段階の供述の報道にあたっては、供述とは、多くの場合、その一部が捜査当局や弁護士等を通じて間接的に伝えられるものであり、情報提供者の立場によって力点の置き方やニュアンスが異なること、時を追って変遷する例があることなどを念頭に、内容のすべてがそのまま真実であるとの印象を読者・視聴者に与えることのないよう記事の書き方等に十分配慮する。

② 被疑者の対人関係や成育歴等のプロフィルは、当該事件の本質や背景を理解するうえで必要な範囲内で報

じる。前科・前歴については、これまで同様、慎重に取り扱う。

③　事件に関する識者のコメントや分析は、被疑者が犯人であるとの印象を読者・視聴者に植え付けることのないよう十分留意する。

また、裁判員らの個人情報保護や守秘義務などを定めた裁判員法の立法趣旨を踏まえた対応を表明した。予断の排除については「裁判員選任手続や裁判官による説示、評議などで適切な措置がとられることが何より肝要」と指摘した。

指針をまとめる過程で、人権・個人情報問題検討会では多様な意見が続出した。しかし、新聞協会は「報道の自由」を主張する立場に立つべきであり、自らの手を縛るような禁止事項を並べた〝べからず集〟にはしないという意見が多数を占めた。禁止する書きぶりは避け、問題となりそうな点には「配慮」「慎重」「留意」で臨むという抑制的な表現を選んだと言っても良い。上記の三点だけがある程度の具体性を持つものとして残された背景には、このくらいのことは書いておかないと、社会の納得は得られないのではないかという判断が見て取れる。

（2）公正な裁判と報道の自由の調和

指針に対しては、フリー・ジャーナリズムを主張する人々から「厳しすぎる」という批判が聞こえてくる。その一方、厳しい規制を求める人達、特に法曹界からは「甘いのではないか」という反対の批判も強い。

しかし、極めて多様な主張がある中で、新聞協会がともかく指針をまとめたことは、報道が担うべき使命と一定の社会的責任を自ら明らかにした点で意義深い。「公正な裁判」と「報道の自由」の調和を目指し、協力する姿勢を新聞協会が表明したことに注目してほしい。指針は供述報道、プロフィル報道、識者コメントという三つの類型の報道について、採るべき具体的な行動を明記した。いずれも被疑者が犯人であるとの印象を植え付けないよう注意することにしている。犯人視報道だとの非難を社会から浴びないよう、入念な心配りをしていかなければならない。

メディアにとって、これまで決定的に欠けていたのは、「公正な裁判」を実現するためには、どのような報道をしなければならないのか、という視点だった。そのことは、代表的な「新聞学」の教科書をいくつか読んでみれば、すぐ分かる。「犯人視報道」と書かれていても、そこでいう「犯人視報道」というのは、もっぱら、被疑者・被告人の名誉やプライバシーなどの人権侵害としてしか把握されておらず、正常な刑事司法の機能を損なう危険性があるものだという意識はほとんど見られない。

これは、日本では欧米のような市民の司法参加が行われていなかったことと関係がある。ワシントン・ポストのスタイルブックに見られたように、事件・事故や裁判に関する報道が裁判そのものの公正さを歪める危険性があるという事実をほとんど意識しておらず、その危険性についての感覚が育っていないからでもあるだろう。

さらに言ってしまえば、アメリカのように「刑事裁判は常に正しいとは限らず、不公正なものでもあり得る」という一種の皮膚感覚が、報道関係者の間でも育っていないのだ。アメリカの陪審制度は、国家権力は時に市民的自由を侵す危険性があるという「裁判への不信感」を背景に持っている。ところが、日本では、幸いなことに、キャリア裁判官による刑事裁判が安定的に機能し、国民の間には裁判への深い信頼があるために、報道関係者も無意識的に〝お上の裁判〟を信仰していたのではないか。だからこそ、公正な裁判との関係で自らの在り方を問うという視点が生まれてこなかったように思われる。国家権力を意識した法意識を問うこと、言い換えれば、真の意味でのジャーナリズムが未成熟なのだ。

残念なことに、事件・事故や刑事裁判の報道は主に、被疑者・被告人を「実名で書くか匿名にするか」というレベルで論じられてきた。裁判員法の立法過程で、あれほど論議が行われ、新聞協会など報道関係諸団体が指針や見解を公表したにもかかわらず、法的な報道規制が見送られた直後に新聞協会が行ったのは、最近増え続けている行政機関の匿名発表を批判し、実名での発表を求める意見の取りまとめだった。これは二〇〇六年、『実名と報道』と題して公刊されている。法的な視角から報道の「基準」や「倫理」を考え、現場で実践していく姿勢が、日本のメディアにどれほど欠けているか、この事実が如実に示している。

読売新聞社は『書かれる立場　書く立場』を一九八二年に刊行し、実名報道を貫く視点から「書かれる立場」への配慮を打ち出した。報道と人権という微妙なテーマに取り組んだ意欲的な試みだった。しかし、その読売新聞ですら、一九九五年に刊行された改訂版『新・書かれる立場　書く立場』を見ても、第一部「事実報道と人権」に記述されているのは第一章「名誉棄損」と第二章「プライバシー・人権」にすぎない。主要な関心事が名誉棄損とプライバシー・人権というのでは、被疑者・被告人についての原則も定めたワシントン・ポストとの落差は大きすぎる。

公正な裁判との関係で報道の在り方を問う意識は、むしろ法律家の側に強く見られるようになった。日弁連は一九九九年、第四二回人権擁護大会で「人権と報道　報道のあるべき姿を求めて」というシンポジウムを開き、報道の自由は尊重しながらも、①メディアは市民の知る権利に奉仕するものとして各分野にわたり十分な取材をし、国民に十分な情報を提供しているか②メディアは過剰な取材と報道により市民の名誉やプライバシーを侵害しているのではないか——という二つの視点から、メディアの在り方を検討した。刊行されたシンポジウム報告書は「刑事事件の報道について」という項目を設け、その中で「捜査段階での報道攻勢に比して、当該事件の公判段階での被告人の罪状認否、証拠の認否など被告人の主張についての正確な報道は極めて少なく、否認や抗弁を非難する報道がなされる。これは、無罪推定を原則とする刑事裁判の原則を批判するものであり、市民の裁判手続に対する信頼と認識を誤導することになりかねない」と、危惧の念を示した（日弁連人権擁護委員会編『人権と報道　報道のあるべき姿をもとめて』［明石書店、二〇〇〇年］七五頁以下）。報告書は「犯罪事件報道は、冷静、客観的に事実の真相に如何に迫れるかが、報道機関に求められるのであり、好奇心や興味に迎合するだけの報道は、関係者の人権を侵害し、刑事司法への国民の認識を歪めるものでしかない。そもそも、犯罪事件報道が、国民の知る権利にとって、どの程度、必要であり、重要であるかを問い、その価値判断の下に適切な報道をしなければならない」と書いている。メディアは、こうした指摘に真剣に答える必要があった。

（3）残る課題

新聞協会の指針に対しては、「どれも当たり前のこと」という意見が聞かれる。しかし、ことはそれほど単純ではない。報道の自由を口実に、自分たちの好きなように報道をし、それが事件・事故の関係者にどれだけ苦しい思いを味わわせてきたのか。そうした従来の報道の在り方が、これからも続いていって構わないというのは、メディア側の身勝手ではないか。指針への批判を読んだり聞いたりすると、そのような思いが沸いてくる。

メディア側が実施した世論調査では、新聞協会の指針に見られる自主的取り組みは極めて高い評価を得た。日本世論調査会が二〇〇八年三月に実施した調査では、評価する人は八五％に上った。やはり、指針のような方向を市民は支持しているのではないか。

指針は「加盟各社は、本指針を念頭に、それぞれの判断と責任において必要な努力をしていく」と述べている。一部の社は取材・報道のガイドラインを独自に作っており、各社が取材の方法、記事の書き方などに、どのように配慮していくのかが今後の大きな課題になる。

この指針は、「社会的公約」を自ら果たしたものだともいえる。新聞社、テレビ局、通信社に限らず、雑誌社、出版社なども含むメディア各社が、「公正な裁判」を確保するために果たさなければならない役割は大きい。事件について「予断」を抱かせない報道をしていくには何をしなければならないのか。その課題に適切な回答を示すことは、報道に対する社会の信頼を勝ち得ていくことにつながるに違いない。これを契機に各社が足並みをそろえ、裁判員制度に取り組んでいくことが望ましい。

第2．日本民間放送連盟

(1) 裁判員制度下の事件報道

民放連は新聞協会が指針を公表した翌日の二〇〇八年一月一七日、「裁判員制度下における事件報道について」と題する見解を表明した。この文書は「公正で開かれた裁判の実現という観点から、あらためて事件報道のあり方について議論し、以下の考え方をまとめた」として、一九九七年に日常の取材・報道活動の道標として「報道指針」を策定し、不断の努力を続けていることや放送倫理・番組向上機構（ＢＰＯ）の設置、集団的過熱取材問題への対応などを指摘し、「自主自律機能の強化を図っている」と述べている。裁判員制度の実施にあたっても、この基本姿勢に変わりはなく、「われわれの社会的責任を再確認することによって、『知る権利』に応える事件報道と、適正な刑事手続の保障との調和が図られる」とし、以下の八項目の「考え方」を示した。

① 事件報道にあたっては、被疑者・被告人の主張に耳を傾ける。

② 一方的に社会的制裁を加えるような報道は避ける。

③ 事件の本質や背景を理解するうえで欠かせないと判断される情報を報じる際は、当事者の名誉・プライバ

シーを尊重する。

④　多様な意見を考慮し、多角的な報道を心掛ける。

⑤　予断を排し、その時々の事実をありのまま伝え、情報源秘匿の原則に反しない範囲で、情報の発信元を明らかにする。また、未確認の情報はその旨を明示する。

⑥　裁判員については、裁判員法の趣旨を踏まえて取材・報道にあたる。検討すべき課題が生じた場合は裁判所と十分に協議する。

⑦　国民が刑事裁判への理解を深めるために、刑事手続の原則について報道することに努める。

⑧　公正で開かれた裁判であるかどうかの視点を常に意識し、取材・報道にあたる。

（2）報道指針との比較

この「考え方」をよく読むと、二〇〇三年の「報道指針」と①から⑤までは、よく似た表現が使われていることに気付く。例えば②だが、「報道指針」では「取材される側に一方的な社会的制裁を加える報道は避ける」と、「取材される側」だけに限定して記されている。「考え方」の言葉遣いは少し違うだけで、ほぼ同趣旨のように読め、むしろ、「避ける」対象として「一方的な社会的制裁を加える報道」だけでなく、それに準じる「一方的な社会的制裁を加えるような報道」と「ような」が加わって、広がった印象を与える。

しかし、二〇〇八年九月のマス倫懇第五二回全国大会で民放連関係者が説明した内容によると、「報道指針」や「考え方」は「一方的な社会的制裁を加える報道はしない」と禁止しているのではなく、「一方的な社会的制裁を加えるような報道は避ける」と、回避措置を取ることを言っているのにすぎないのだという。放送はニュース時刻の制限などがあり、一方的にならないように考えても、その時刻までには相手方のコメントが取れないなどの事態が起き得る。そういうときでも、放送しないのではなく、一応の放送だけはして、後で相手方のコメントを取り上げるなどしてバランスを取るようにするということらしい。だから「避ける」としたそうだ。

同じように読めば、④の「多角的な報道を心掛ける」も、「心掛けさえすれば実際にそうでなくてもよい」ということになるのかもしれない。どうやら、この「考え方」は、相当の深読みをしないと、その真意を理解できない代物らしい。民放連が、不測の事態に備えて、慎重な配慮をしていることは理解できるが、これを読んだ視聴者は一体どのように受け止めるだろうか。もし、外部の視聴者に誤ったメッセージを与えるとしたら、それは、かえって不信を招くのではないか、心配になる。

裁判員制度を意識して付け加えられたのは⑥、⑦、⑧の三つだ。新聞協会ほど具体的に注意すべき報道について記してはいない。「十分留意する」「十分配慮する」という表現もない。趣旨としては新聞協会と同じでも、内容的には、あくまでも自らの「報道基準」の延長線で、裁判員制度下の事件・事故・裁判の報道も考えるということだろう。そうだとすれば、少し物足りない感もある。しかし、民間放送各社がこれで合意したという事実そのものは重く受け止めなければならないと思う。

第3. 日本雑誌協会

雑協も二〇〇八年一月二二日、「『裁判員制度』実施にともなう雑誌の事件報道に対する考え方」を公表した。この文書は「雑誌編集倫理綱領」で「言論・報道の自由」「人権と名誉の尊重」「法の尊重」が掲げられていることを指摘し、綱領に「明記されているように『犯罪・事故報道における被疑者や被害者の扱いに十分注意する』ことは、改めてルール作りをするまでもなく当然の責務であります」と述べている。「考え方」は最後に「当協会は『裁判員制度の実施と事件報道のあり方の取り決め』そのものには、まだ多くの議論の余地があると考えており、今後は事件報道のあり方にいっそう意をつくすと同時に、裁判員制度そのもののあり方も注視してゆくつもりです」と、含みを持たせた表現で終わっている。新聞協会の指針などを無視すると決め込むのではなく、さりとて、その指針に右へ倣えするのでもない。雑協の迷いがうかがえるような気がするが、これを、むしろスッキリした対応だと評価する向きもあるようだ。

ただ、ルール作りの議論を訴えてきた立場からすると、一つだけ指摘しておかなければならないことがある。それは、雑協の個人情報・人権等プロジェクトチームが二〇〇三年一二月一〇日に公表した『裁判員制度』への見解」と題する文書だ。当時は「偏見報道」禁止規定が立法化されるかどうか、微妙な時期だったが、「見解」は「今後の制度検討にあたっての、基本姿勢を提示したい」として「協会各社は、裁判の公正を妨げる報道を避けることに努め、原則として、裁判中の裁判員への接触は控えることとする」「裁判員の個人情報については原則として本人の意向を尊重し、報道にあたっては公正な裁判と人権尊重の立場から十分配慮する」ことを明らかにしている。裁判員制度刑事検討会委員として、この見解を読んだときは、「裁判の公正を妨げる報道を避ける」という表現に強く印象づけられた。この部分は努力目標のような書き方がされているが、あれほど自主ルールに抵抗を示していた雑協も、ついに「裁判の公正」を正面から見据え、自らの道を決めようとしていると受け取れ、感慨を覚えた。それからしばらくして、偏見報道禁止規定などのメディア規制条項は立法化が見送られた。

しかし、裁判員制度の実施を控え、五年後に出された「考え方」では、「裁判の公正」という言葉も、また、それを「妨げる報道」という言葉も見当たらない。弊害を「避ける」というような、努力の方向を明らかにする言葉もない。「基本姿勢」というものは、数年もたたないうちに、こうも簡単に変わるものなのだろうか。

第4章　司法関係の報道

新聞協会の『裁判員制度開始にあたっての取材・報道指針』を踏まえ、メディア各社が定めた事件報道に関するガイドラインなどについて紹介記事を掲げた 2009 年 1 月から 3 月にかけての新聞協会機関紙『新聞協会報』

第1節　事件・事故と裁判の報道

第1．捜査とメディア

裁判官時代に徳島ラジオ商殺し事件の再審に関与した秋山賢三弁護士は「一般市民は被告人とされた者に『強い予断』を抱いた状態の中で裁判が開始されている」と述べている（秋山賢三『裁判官はなぜ誤るのか』［岩波新書、二〇〇二年］、九六頁）。そのような状況を生み出すのに、メディアは無関係だとは、残念ながら言い切れまい。秋山弁護士は同書で「刑事裁判の最大の使命は、冤罪を生まないことである」と述べている。そのための報道がどうあるべきか。強い予断を排除できる報道になっているか。メディアが自らに問い続け、不断の努力の中から改めていくことこそ大切だ。新聞協会が指針作りの過程で、長時間にわたって論議を重ねた事実は重要な意味があり、その成果を生かす道をこれから考えていかなければならない。

共同通信社をはじめ新聞、通信各社の労働組合には、報道が抱える問題を労働者の立場から検証し、改善を求めていく「新聞研究部」がある。その代表者が集まる「全国新研集会」が二〇〇八年二月七日、東京・本郷で開かれ、裁判員制度と報道の問題をテーマに議論が行われた。鹿児島県に勤務した記者からは、県議選で公選法違反（買収）の罪に問われた同県志布志市の中山信一県議ら一二人が県警に逮捕された、いわゆる「志布志事件」の取材経験が報告された。

当時取材した記者は「警察が提供する情報を十分に確認できないまま、おかしいなとは感じながら、記事を書いてしまった」と深刻に反省した。警察幹部からの情報を鵜呑みにして記事にしてしまったことは、もちろん批判されても言い訳がきかないことではあるが、事実関係を確認しようにも当事者は逮捕されていて話を聞けない事情があった。取材に制約がある状況の下では、捜査当局からの情報だけをまるで客観的事実であるかのように伝えるのではなく、被疑者側の関係者から言い分も聞いてしっかり書くという基本姿勢が貫かれさえしていれば、このような不面目は防げたに違いない。メディア側の取材・報道の在り方そのものが基本的に誤っていた。

この事件で中山県議らは「県警の捜査は違法だった」と主張し、鹿児島地裁がそれを認めて無罪判決が確定している。これまでに県警本部長は県議会で「初公判前の段階で中山県議のアリバイを把握していた」とする答弁を行うなどしており、県警と鹿児島地検のずさんな捜査、公判の進め方が明らかになった。捜査の歴史に重大な汚点を残す、でっち上げ事件だ。

二〇〇二年一月、富山県氷見市の民家でおきた強姦事件も、懲役刑が確定し、服役した男性が、再審で無罪となった。真犯人はその後、別の事件で逮捕された男性と分かった。

警察、検察など捜査当局がメディアに流す情報をどのように報道したらよいかは、捜査段階の報道で常に問題になる。ずっと以前から、長い間、論じ続けられているのに、なかなか結論が得られない。「公正な裁判」を断固貫く立場に徹すれば、被疑者の身柄が捜査当局によって拘束された段階から、メディアは「無罪の推定」に従い、報道を避けるべきだということになるだろう。そこまでは主張しない人でも、少なくともメディアは、捜査当局の情報であるなどと情報の出所を明らかにして、客観的事実だと受け取られないようにし、被疑者に冤罪の危険性があることを常に意識に置きながら報道すべきだと言うに違いない。

新聞協会の指針が述べているように、捜査段階の被疑者の供述について報道する際、「十分配慮」するというのは、メディアにとって最低限の取り組みだと考える。それでも、志布志事件のような冤罪事件の報道が今後全く起きないという保証はないのではないかと、残念ながら言わざるを得ない。そのようなときには、速やかに誤りを正すとともに、その理由を伝える検証報道をきちんと行っていくことが重要になる。被疑者の名誉を十分に回復することによって、信頼の確保を図っていかなければならない。

第2．裁判員制度下の司法取材と報道

(1) 刑事訴訟法改正の意味

改正刑事訴訟法と改正刑事訴訟規則が二〇〇五年一一月一日から施行され、裁判報道の現場では、これまでなら初公判のその日のうちに審理を終えることなど考えられなかった殺人事件でも、即日結審する現象が生まれている。地裁側に施行を先取りする態度が見え、二〇〇五年五月の福岡地裁を皮切りに、殺人事件でさえ即日結審、第二回公判で判決というケースが珍しくなくなった。

改正刑事訴訟法・刑事訴訟規則の施行は、わが国の刑事司法が、警察官や検察官の取調べ調書などの文書を基に緻密に事件の構造を解明する従来の型の「精密司法」から、ベスト・エビデンス（最良の証拠）を選び、争点を絞って核心的な事実について公判で取り調べる公判中心の「核心司法」へと大転換することを意味している（平野龍一「参審制の採用による『核心司法』を」ジュリスト一一四八号所収）。それは、裁判員制度の準備にもつながる。法律の素人である裁判員が出席しやすく、また、分かりやすい裁判にするには、改正で導入された「公判前整理手続」（裁判員法第四九条など）を効果的に行い、「できる限り連日開廷」（刑事訴訟法第二八一条の六）による集中審理・計画審理を実現させて、審理の充実と迅速化を図らなければならないからだ（最高裁判所事務総局刑事局『模擬裁判の成果と課題』［二〇〇九年］など参照）。

メディアにとっても、従来の裁判報道の常識は練り直しが必要になる。特に、連日的開廷、集中審理にどう臨むか、公判前整理手続をどう取材・報道していくかは、早急に各社が取り組まなければならない課題だ。共同通信社に当てはめていえば、全社的な報道と表現の基準について定めた「記者ハンドブック」のほか、取材方法、記事作成、配信手順などについての社会部「基準集」の見直し、テレビ、ラジオ局へ配信している放送原稿を作る際の基本的考え方や約束事を示した「放送ニュースの手引」の改訂、テレビ、ラジオの夕方のニュース対応、インターネットや文字放送への対応など、ニュース配信全体の見直しが迫られることだろう。

(2) 被疑者逮捕段階の取材

捜査と審理の流れに即して、新しい刑事裁判によって変わっていく報道関係の問題点を洗い出してみよう。まず、裁判が公判中心に変わると、法廷で取り調べられる被告人や証人らの取調べ調書など捜査関係書類が朗読を想定したものへと変わらざるを得ないだろう。警察段階で書類作成に変化が生まれれば、当然、取調べの仕方も変化する可能性がある。特に、全国で試行が始まった取調べのDVD録画からは、目が離せない。

注意しておきたいのは、二〇〇六年に発足した「日本司法支援センター」(愛称・法テラス) が総合法律支援法に基づき、刑事事件の被疑者・被告人に公費で国選弁護人を付ける制度を主要な業務としたことだ。改正刑事訴訟法では、死刑又は無期若しくは短期一年以上の懲役・禁錮に当たる「法定合議事件」の被疑者に裁判所から勾留状(身柄拘束を認める令状、刑事訴訟法第二〇七条) が出されている場合、被疑者が貧困などの事由により弁護人を選任できないときは「裁判官は、その請求により、被疑者のため弁護人を付さなければならない」(刑事訴訟法第三七条の二) とされた。従来は、起訴された後でなければ裁判所は国選弁護人をつけられなかったが、その仕組みが前倒しされ、警察署や検察庁などで取調べ中の被疑者にも、勾留の段階から、公費による国選弁護人を請求する権利が与えられた。

被疑者が事件を否認しているのか、弁護士は誰がついたか、などについての事前取材が重要性を増している。公判の進行を予測して、中身のある原稿を用意しておくには、初公判前の取材が勝負になる。司法関係者の住所録、電話帳など基礎資料を整えておくなどの準備が必要になるが、二〇〇五年四月から個人情報保護法が完全施行され、基礎資料の入手が難しくなっているから、取材先の基礎情報を整理しておくことが大切だ。

（3）公判前整理手続

第一回公判を開く前に、裁判所が主宰して検察官、弁護人（場合によっては被告人も）との間で事件の争点を整理し、審理計画を立てる非公開の「公判前整理手続」（刑事訴訟法第三一六条の二～第三一六条の三二）が実施される。検察官請求証拠の開示などの証拠開示が行われ、それに基づいて争点整理、検察側と弁護側の主張の明示、証人の採否決定、審理計画の立案へと進んでいく。この手続によって、公判の流れのすべてが決まるといってもよい。裁判員を呼んで裁判を行う時には必ず開かなければならないとされている（裁判員法第四九条）。経過を入念に取材しておくことは、公判審理や判決の正確な見通しを立てることに通じ、取材の観点から見ても、最も重要な手続といえる。整理手続は「公判前」だけでなく、各公判期日の間（期日間整理手続）にも行われ、順次、争点や主張の整理が進められていくことにも注意しておかなければならない。

公判前整理手続で大きな意味を持つのは証拠開示で、①検察官が公判で取調べを請求した「検察官請求証拠の開示」②検察側証人予定者や被告人らの供述録取書など一定の類型に属する「類型証拠の開示」③被告人側の主張に関連する「争点関連証拠の開示」――という三段階の開示方法が規定された。証拠について、開示が必要かどうかに争いがある場合には、裁判所が裁定し、決定で開示を命令することができる。弁護士たちからは「検察側が行う証拠開示の範囲はかなり広がった」との感想が聞かれる。

　この手続は、これまで公開の法廷で行われてきた証拠採否など冒頭の一部手続を、第一回公判前に非公開で行うことに変更した意味合いがある。その側面に着目すれば、ある程度の公開性が確保されるべきだろう。できれば手続を主催した裁判官が記者らに説明してほしいが、それができないようならば、書記官ら、しかるべき担当者が行うようにしてほしい。

　裁判員裁判になるのか、裁判官だけの合議事件か、争点は何か、弁護側はどのような主張をするのか、どのような証拠調べが行われるのか、日程はどうなるか、などを事前に知っておくことが重要になる。主な争点、審理計画、証拠調べ予定などを知ることができるよう、各地の報道責任者会などメディア側が地裁、地検に申し入れをし、何らかの申し合わせを作っておく必要があるだろう。

　裁判所の取材は、おおむね各地の慣行に従っており、地裁によって違いがあるのが実態だ。最近では、公判前整理手続の結果について、東京地裁では、例えばライブドア事件の場合、争点整理の結果、検察側と弁護側で絞り込まれた争点、証人調べをはじめとする審理計画などが文書にまとめられ、報道関係者に配布された。しかし、他の地裁では内容が一切公表されないところもあり、地元の報道機関からはよく不満を聞かされる。

　ドイツの裁判所のように、日本の地裁にも広報担当の裁判官を置くことが考えられないだろうか。裁判長クラスの判事が望ましいが、裁判員裁判の対象事件で公判前整理手続を進めている他の裁判部から進行状況を聴き、どの段階でどの程度までメディアに伝えるべきかを判断しながら、しかるべきときに公表したらどうだろう。もちろん、検察側と弁護側の了承を得ておくことが前提だ。毎回、説明が行われれば理想的だが、そうでなくて節目のときでもいいし、裁判長クラスが無理ならば、若手の判事補でもよいと思う。かねがね感じていることだが、日本の裁判所は国民参加を実施してこなかったせいか、国民から見ると、大変敷居が高い。広報担当の裁判官が各地裁にいれば、メディアからも親しみやすい裁判所になっていくだろう。

（４）初公判まで

裁判員、補充裁判員、裁判員候補者らの氏名、住所など個人を特定できる情報は、裁判員法が公表を禁じている（第一〇一条）。市町村、地裁など関係機関から公表されることは期待薄だが、著名人が選ばれたりすると話題になるので、法廷をはじめ地裁の構内などで開廷前後の時期にチェックしておく必要がある。

取材記者は検察側、弁護側の双方から立証方針、弁護方針を必ず聞いておくべきで、決して手ぶらで法廷に入ってはならない。被告人が起訴事実に同意しているか、否認しているか。証拠の採否に同意か、不同意か。弁護側は主張をどの程度明らかにするのか。アリバイを主張するのか。こういった事柄の見通しもつけずに法廷へ入るようでは司法記者として失格といわなければならない。法廷にはどのような関係者が来ているか、証人調べの可能性はあるか、などを事前に見定めておくことも大切だ。もちろん、弁護側だけでなく、検察側の対応も事前取材しておかなければならない。地検、高検、最高検の反応も総合的に取材しておく。

（５）公判審理と判決

１．冒頭手続

第一回公判当日、裁判員、補充裁判員には、裁判長から、その権限、義務のほか、事実の認定は証拠によること、事実の認定に必要な証明の程度などについての説明が行われる（裁判員規則第三六条）。最高裁の説明モデル案によると①裁判員は被告人が起訴状記載の犯罪を本当に行ったかどうか、検察官と弁護人から法廷に提出された証拠だけで判断する（証拠裁判主義）②検察官の証明で間違いないと考えられる場合は有罪に、証明できない場合や有罪に疑問があるときは無罪にする（「疑わしきは被告人の利益に」の原則）――などと、刑事裁判のルールを解説することになっている。裁判員がルールをしっかりと理解できたかどうかは、誤った刑事裁判を防ぐ上で、大変重要なことだ。判決後に感想を聞ける機会があれば、確認しておくことも必要だろう。

審理の流れとしては、検察側の冒頭陳述に続き、直ちに弁護側も冒頭陳述をすることになった（刑事訴訟法第三一六条の三〇）。午前中の開廷だと、昼前に冒頭手続が終わってしまい、夕刊に弁護側冒頭陳述などを入れなければならなくなるかもしれない。この見通しも立てていないと、新聞なら夕刊と朝刊の書き分け、テレビなら昼や夕方、夜のニュースの仕立て方に影響する。

検察側の冒頭陳述は、時の流れに従って事件の展開を述べる従来型の「物語式冒陳」から、公判前整理手続を踏まえて争点に絞り込んだ「争点重視型冒陳」へと大きく転換する。「文書朗読」から「口述」へというのが大きな流れになり（直接主義・口頭主義の徹底）、プレゼンテーションソフト、地図、図解などを駆使した、視覚と聴覚に訴えるビジュアル化も進む。これまでのように検察側が冒頭陳述書をメディア側に配布してくれなかった場合、記事は法廷で取ったメモを基に書かなければならなくなる。冒頭陳述要旨をどう作るかなど難問が山積している。このような事態はメディアにとって具合が悪いだけではなく、裁判所、検察官、弁護人ら関係者にとっても、不正確な事実が新聞やテレビで流され、困るのではないか。正確な報道が行われるよう、冒頭陳述要旨などの事前交付を検討してほしい。

その後、裁判長が公判前整理手続の結果を法廷で明らかにする（刑事訴訟法第三一六条の三一）。結果の「顕出」という手続で、これを聞き逃すようでは、裁判の全容把握ができなくなるから注意が肝要だ。

２．公判の進行

裁判員が参加しやすいよう、従来の審理方法が大幅に改められ、これまで数年かかっていた複雑な事件や、被告人が公訴事実を否認している大型事件などの審理方法も根本的に見直される。裁判員裁判の対象事件のうち、約七〇％から八〇％の事件は三日程度の審理で終わるとみられている。一日目は冒頭手続と証拠調べ、二日目も証拠調べが続き、三日目に検察側の論告・求刑と弁護側の最終弁論、早ければ夕方に判決言い渡しになる。それを想定した新聞の版建て、放送のニュース仕立てを検討しなければならない。取材する記者は、傍聴が終わってから記事を書くようでは失格だ。自分なりに、取材に基づいてあらかじめ審理の展開を読み、一応の想定で構わないので、三日間の夕刊、朝刊の〝想定原稿〟を書いておくべきだ。

最高検が、裁判員裁判の法廷は一人の検察官に任せるのではなく、検察官の「複数立ち会い制」にするようにしたことに注意しておく必要がある。弁論する検察官だけでなく、その内容を隣でチェックし、補足する役目の検察官が述べることにも注意が必要だ。そこが検察側立証の弱点である可能性もある。

筆者は、田中角栄元首相らが贈収賄罪に問われたロッキード事件の公判で、検察官調書の要旨が朗読されたとき、先輩記者らと一緒にメモを基に要旨作りをした。一〇分交代で法廷に入り、そのうち五分ずつ、前の担当者と重なってメモする方法だったが、検察官の読み上げのスピードについていけず、細部を再現できなくなる場合がしばしば起きた。速記者を入れてみたら、正確に反訳はできても時間がかかり、締め切り時刻に間に合わなかった。その経験に鑑みると、文書の要旨朗読を記者一人に任せるのは危険だ。

裁判長が行う質問は聞き逃してはならない。審理のポイントとして、どうしても補足的に聞いておかなければならないと考えた内容が含まれているからだ。同じ意味で、裁判員がした質問も軽視はできない。密度の濃い審理が行われるので、漠然と聞いていると大変なことになる。メディア側の取材態勢は、従来よりも手厚くないと十分なフォローができないことになるだろう。

法廷取材は、聞きっ放しではいけない。終わった後、必ず検察側と弁護側に相手方の立証への評価を含め、きちんと聞いて、争点について整理しておかなければならない。

３．判決

裁判官と裁判員は随時「評議」を開いて、意見の交換をする。最終的に結論を出す「評決」の際、全員の意見が一致しないときは、多数決で決定するが、有罪判決をするには裁判官と裁判員の双方が賛成しなければならない（裁判員法第六七条）。つまり、裁判員だけの多数意見では有罪判決は言い渡せない。判決書は、評議の結果を踏まえて、裁判官が作成する。従来の判決書には、極めて詳細な内容のものが見られたが、裁判員制度の下での評議には、裁判官だけのときのような精緻な論議が期待できない場合が多いため、判決書も簡潔で要点をまとめたものに変わるとみられる。裁判員、補充裁判員の職務は法廷で判決を言い渡した時点で終了する。

即日結審に備え、メディア側が十分に準備して法廷に入らないと、進行が早ければ夕方には判決が言い渡されて、あわてることになるかもしれない。被告人が起訴事実を認めている事案では即日判決もあり得るだろう。対象事件の取材態勢は入念に検討しておく必要がある。

新聞が掲載する判決要旨は通信社の配信記事であることが多い。筆者が〝予想判決要旨〟を用意するようになったきっかけは、ロッキード事件丸紅ルートの経験が大きい。午前一〇時の開廷だったが、政財界など大変大きな関心を集めた判決だから、加盟社からは、午前一〇時半には冒頭部分だけでも欲しいという強い要望があった。判決の前夜、取材チームで対応策を相談したとき、ある先輩記者が「既に判決が出ている全日空ルート、児玉ルート、小佐野ルートの事実認定を参考に、ある程度書けるのではないか」と提案した。確かに、各ルートとも同じ証拠に基づいて事実認定をするのだから、丸紅ルートも同じ判断になることは想定できる。そこで直ちに〝想定される事実認定〟を書いた。判決が言い渡されると、用意した原稿を手直しして、加盟社へ配信した。判決全文の約半分は事実認定だから、要旨の作業も加盟社が予想していた時刻よりかなり早く、夕刊早版から紙面に掲載することができた。

ここから学んだことは、しかるべき根拠があれば、判決であっても、ある程度の記事を書いておくことはできるということだ。違っていれば直せばいい。頭を整理しておくには、とにかく書いておくのが一番で、書いてみると、当事者（検察官、弁護人・被告人）の立証上の弱点、論理的な構成をする上で障碍となる事実、重要な証拠の証明力の弱さなどに気付く。判決の予定稿は決して不可能なことではなく、真面目に裁判取材をしていればできることだ。

そうは言っても、耳から聞いただけのメモで判決記事を書くことは、大きな間違いを起こす可能性がある。裁判官には判決の言い渡し後、簡潔なもので構わないので、できるだけ要旨を報道関係者に配るよう心掛けることを求めたい。判決言い渡し前の評議で事実認定などは徐々に固まってくるだろうから、その内容をあらかじめ文書化しておき、それを言い渡し時に修正して配布してもらえれば、報道が正確になり、ミスを防げる。正式な判決文がすでに作成してあっても、要旨はあった方がよい。

取材記者としては、もし判決言い渡しが印刷済みの判決文を朗読する形では行われず、裁判官のメモを基に言い渡されることになった場合の対応を考えておかなければならない。よく聞き取れなかったり、意味が不明な箇所があったりしたら、閉廷後に必ず書記官、検察官、弁護人に確認するなどしなければならない。

裁判員法には、「部分判決」の制度もある。事件ごとにそれぞれ裁判員を選んで区分審理をするかどうかは公判前整理手続の際、検察側、弁護側の請求か職権で裁判官が「特に必要があると認められるとき」に決定する。部分判決はあくまで例外的という位置付けで、多用はされないはずだが、公判前整理手続の際、きちんと取材しておく必要がある。

裁判員が関与した一審判決に対しては、従来通り、事実認定の誤り又は量刑不当などを理由とした控訴が認められる（刑事訴訟法第三八一条、三八二条など）。控訴審を担当する高裁も従来通り、裁判官三人だけの合議体で当否を審査する。控訴審による事後審査が可能になり、また当事者が控訴理由の有無について検討できるようにするには、一審判決に必要十分な判決理由が記載されていなければならない。

控訴審の判断は、一審判決の事実認定と量刑が不合理なものでないかどうか、事後的に審査する形になる。事実誤認、量刑不当が認められるときには、一審判決を破棄して、一審の地裁へ差し戻すことが多くなるとみられ、その場合には、新たに裁判員を選び直して審理が行われる。そうなると、取材も大変になってくる。できるだけ多数の関係者に取材し、差し戻し審の実質的な争点をしっかりとフォローしておかなければならない。

控訴審の性格（構造）がどのようなものかについては①審理をはじめからやり直す「覆審」②一審判決直後の状態に戻り、その続きを行う「続審」③一審判決の当否を審査する「事後審」——という三種類の見解があるとされているが、通説は控訴審を事後審ととらえ、基本的に一審裁判所の立場に立って、一審裁判所で取り調べた証拠と弁論終結前に取調べを請求した証拠に基づき、事実関係と法令の適用について事後的な審査を行うとしている（団藤重光『新刑事訴訟法綱要七訂版』［創文社、一九六七年］五一七頁以下）。これに対しては、「客観的に結論が正当かどうかを調べるのも、やはり事後審である。したがって他の資料によって誤であることが明らかになれば、やはり破棄すべきである」とする主張がある（平野龍一『刑事訴訟法』［有斐閣、一九五八年］三〇四頁)。学者の間で見解が分かれているところでもあり、裁判員裁判の下では、控訴審がどのようなものになるのかは、大変重要な意味を持つ。特に、裁判員裁判のスタート直後は、裁判員制度が憲法違反だとする控訴理由が出される可能性があり、控訴審の焦点が憲法論議になることも考えられる。入念な準備が必要だ。

(6) 新聞づくりへの影響

スピードアップされた刑事裁判になると、新聞の夕刊はあまり意味がなくなるかもしれない。東京を例に取ると、新聞社の間では夕刊の降版協定ができており、午後一時三〇分までにデスクの手元に届いた原稿でないと夕刊には載せられない。どうしても掲載したいニュースがある社は、司法記者会の幹事社に降版協定解除の申し入れをし、それが協定締結社の間で了承されれば夕刊に掲載できる仕組みだ。了承されなければ新聞は朝刊回し、放送は夕方の時間帯以降になる。

思い出すのは、わが国初の死刑囚の再審無罪事件として有名な「免田事件」について最高裁が検察側の特別抗告を棄却し、再審開始を決定したときのことだ。「免田事件」は一九四八年に熊本県人吉市で起きた強盗殺人をめぐる裁判で、被疑者とされた免田栄氏は熊本地裁八代支部で一九八三年七月一五日、再審無罪判決を受け、確定した。一九八〇年一二月一一日、筆者は東京の司法記者会にいた。弁護団が最高裁から郵送されてきた決定文を読み、「免田事件が再審開始です」と叫びながら駆け込んできたのが午後一時三二分だった。死刑囚初の再審が確定した重大ニュースであり、各社で降版協定解除の申し合わせをし、猛烈な慌ただしさで、あらかじめ想定して用意してあった一面トップの記事を送り出した。しかし共同通信社加盟の多くの地方紙は既に夕刊を締め切っていて、後日、地元の熊本日日新聞社などから「予定稿ができていたなら、なぜ先送りしてくれなかったのか」と強烈な抗議を受けた。

新聞で言えば、夕刊に掲載されるのは、朝から始まった法廷が昼休みを挟んで午後一時すぎに再開されるときまでに法廷内で起きたことになる。これまでの法廷なら、審理はゆっくりと進むから、たいした問題はなかったが、これからは段違いに進行がスピードアップされる。初公判の夕方に論告・求刑が行われたりすると、新聞の夕刊には昼すぎまでの「初公判始まる」が載っているのに、夕方のテレビニュースでは「被告に懲役〇年を求刑」などと流れていて、読者にとっては陳腐に見える夕刊になってしまうことだろう。

テレビ、ラジオの発達に加え、インターネットや文字放送の普及により、新聞は速報性ではこれらのメディアに太刀打ちできなくなっている。それが最も顕著に表れるのは夕刊だが、朝刊も事情は同じで、テレビなどが報じている深夜や未明のニュースは、どんなに苦労してもほとんど載せられない。朝刊が配達される時刻には、もっと進んだ状況がテレビ、ラジオのニュースなどで流されてしまっている。

これからの新聞は、紙面の多い朝刊が中心になり、しかも、じっくり裁判の内容を報告し、その分析、解説などによって肉付けしていく記録性と、社説、評論などのオピニョン性を重視せざるを得なくなるだろう。速報性よりも内容の正確さと豊富さ、つまり他社と同じ内容の報道ではなく、独自性を強め、高い質を持ったものでないと、読者に買ってもらえなくなるのが目に見えている。この事情は電波メディアも同じだ。

インターネットなどで大量の情報があふれる社会になっている。噂話なら、あちこちで耳にできる状況は、これからますます広がっていくだろう。しかし、何が信用でき、買うに値する情報なのかとなると、やはり新聞、テレビ、雑誌といったマス・メディアの報道ということになるのではないか。専門的な取材をしている記者による厳しいスクリーニングを経た情報こそが、社会から信用性を勝ち取ることになると思う。しかし、それは残念ながら、新聞、テレビ、雑誌ならば自動的に信用されるわけでは、もはやない。信頼してもいいという質を保っているメディアだけが、これからは生き残っていくことだろう。

事件・事故・裁判の報道についても同様であり、筆者が自主ルールの必要性を強調してきたのも、信頼に値する質を確保するには、自ら高い倫理性と自律性を持たなければならないと考えているからにほかならない。自主ルールを作ろうと、作るまいと、それは各社の勝手だが、自律性を放棄したメディアに明日はないだろう。

(７) 取材記者の留意点

新しい刑事手続を取材する現場記者は、裁判報道の決め手は事前取材であることを肝に銘じてほしい。できる限りの捜査・公判書類を事前に入手し、予想される裁判の進行を手抜きせずに取材する。もし「通常の展開と違う」と感じたら、万一に備え、メモ程度でもよいので、とにかく原稿を準備しておく。アンテナを敏感に張ることが大切だ。デスクへの相談は、どんなに怖くても遠慮をしない。入手済みの資料を必ず見せ、気になる点を説明して、原稿の仕立て方についてアドバイスをもらってほしい。担当記者は小まめにデスク、同僚に状況を連絡し、一人で取材の全部を抱え込まないようにする。記者同士で必ずメモの突き合わせをし、証言などに微妙な表現があったときや、しっかり聞き取れなかったときなどは、あいまいなままで記事にはしないようにしなければならない。

デスクは事前に現場との打ち合わせを入念にし、どのような判決になるか、細かく分析してほしい。こんなものだろうと思い込んだり、見くびったりすることは禁物だ。気になる場合は、遠くても自分で現場へ行ってみる。裁判の展開、証拠の評価、記事の表現をできる限り担当記者と詰めておくことだ。地方支局の記者なら支社や本社への協力依頼をためらわないこと。要旨作り、談話取材などの分担をはっきりさせ、原稿の内容を徹底的に確認してほしい。

取材記者はまず、刑事裁判にはどのような書面が使われるかを知っておかなければならない。裁判員裁判が行われると決定されたとき、事前に検察側、弁護側、地裁などに要求し、入手しておくとよい主な書類としては次のようなものがある。

【検察官提出】
①起訴状
②証明予定事実記載書（検察側が証拠によって証明する予定の事実を書いた書面）
③証拠等関係カード（証拠や立証趣旨などを書いた一覧表）
④証拠構造説明書（検察官提出証拠と主張の関係を明示した書面）
⑤求釈明書面に対する回答書（検察側が起訴状に対する弁護側の疑問に答える書面）
⑥証拠開示請求に対する回答書（弁護側の争点関連証拠、主張関連証拠の開示請求に回答する文書）
⑦冒頭陳述書概要（検察側が初公判で述べる予定の主張の概略）
⑧検察側の冒頭陳述書とその要旨（検察側が立証しようとする事実を述べた書面）
⑨検察側の論告書（審理の最後に検察側の意見を述べた書面）
【弁護人提出】
①求釈明書（弁護側が起訴状の不明点について検察側に説明を求める書面）
②予定主張記載書（弁護人・被告人が公判で主張しようとする内容を記した書面）
③検察官の証拠調べ請求に対する意見
④証拠調べ請求書

⑤証拠開示請求書
⑥証拠開示命令請求書（検察官が証拠開示を拒んだとき、地裁に開示命令を出すよう求める文書）
⑦弁護側冒頭陳述書とその要旨（弁護人が初公判で述べる予定の主張の概略）
⑧被告人の意見陳述書とその要旨（被告人が初公判で述べる予定の主張の概略）
⑨弁護人の最終弁論書と要旨（審理の最後に弁護人の意見を述べた書面）

【被害者側提出】
①被害者参加人の損害賠償命令請求書
②被害者参加人の意見陳述書

これらは、どの社も共通して必要なものなので、記者クラブの幹事社など代表者が地裁、地検、弁護士ら関係者と交渉し、入手に努めるのが効率的だ。

共同通信社の裁判員制度検討委員会は二〇〇九年二月、事件担当の弁護人に対して、被疑者の被疑事実に関する認否・供述内容、捜査の問題点、勾留理由開示請求、被告の公訴事実に関する認否・供述内容、公判前整理手続の期日、各公判前整理手続期日の内容、裁判所への検察側証拠の開示請求、公判前整理手続で決まった争点・証拠・審理日程、裁判員選任手続に関する事項（不選任請求、裁判長による質問、裁判員候補者の様子、手続への感想）、第一回公判での被告人の認否・意見に関する事項、弁護側冒頭陳述に関する事項、弁護側証拠に関する事項、弁論に関する事項、裁判員裁判の審理・判決に関する被告人・弁護人の感想などの取材に対応してくれるよう要望することを決めた。

要望事項で特に意識しているのは、弁護人に「談話を出すことを検討していただきたい」と強く依頼することだ。具体的には「逮捕容疑は刑事手続の一方当事者の見解にすぎない。被疑者と十分協議し、弁護活動を尽くしたい」などという談話を想定し、説得する。被疑者・被告人の人権を尊重し、捜査機関と被疑者・被告人の主張をともに紹介していく「対等報道」を貫くには、これらの取材が不可欠とする考え方に立っている。

（８）テレビのニュース

今後の裁判報道では、速報に限れば、テレビ、ラジオなどの電波メディアの優位性が明確になる。新聞との機能分化が強まることは必至だ。しかし、速報では、ニュース放送時間の枠があるテレビは、インターネットにかなわない。テレビも報道は記録、解説、オピニョンに活路を求めることにならざるを得ない。程度の差はあれ、報道の質が重要になるのは新聞と同じだろう。

電波メディアにとっても、新しい刑事裁判の進行が与える影響は極めて大きい。審理の速い進行に応じたきめ細かい報道が必要になるからだ。まず、ニュース原稿を何回も差し替える必要性が高まる。初公判を例に取り上げると、朝の予告ニュースに始まり、開廷後のニュース、昼のニュース、夕方のニュース、夜のニュースと何段階もの違った原稿を書かなければならない。即日判決でもあれば、夕方以降の作業は大変だ。その都度、どんな映像を確保するかも問題になる。判決言い渡しが終わっているのに、夕方や夜のニュースで漫然と、朝の公判開始前の映像を流していては視聴者に飽きられる。生きのいいニュースこそがテレビの持ち味なのに、そんなことをしていたのでは、存在意義が問われるだろう。映像取材には、これまで以上に手間がかかる。

共同通信社は裁判員制度の実施をにらみ、テレビ、ラジオ、ＦＭ局など電波各社へ配信するニュース記事の表記原則などを定めた『放送ニュースの手引第七版』（二〇〇七年刊）を改訂する作業も進めている。この手引は事件・事故・裁判報道について「人権に配慮した放送記事」であることと「被害者にも配慮」することを掲げている。二〇一〇年をめどに進行中の改訂では、例えば、従来の「この男は」「この女は」という表現は犯人視につながるおそれがあるとして、原則的に「社長」などと肩書で報じることにする見通しだ。

(9) カメラ取材

最高裁と新聞協会の合意として一九九一年から実施された「法廷内カメラ取材の標準的な運用基準」は、裁判員裁判が始まると見直しが必要になるかどうか、が検討された。裁判員は、どこの誰かを特定されないよう、裁判員法で個人情報の保護が定められているから、撮影対象とすることができるのか、新たな問題も生まれた。国民参加を実施している国々の多くでは、陪審員や参審員の撮影は裁判所が認めておらず、日本でも、これに準じるべきだとする主張が裁判所内部では強い。

民放連は二〇〇九年一月一五日、「裁判員裁判の取材における基本スタンス〈骨子〉」を公表し、「公判前(裁判員選任手続、公判前整理手続)、公判中(審理、評議、評決)、公判後(裁判員への取材等)など、あらゆる過程で情報が開示されることこそが、本来の目的である〝司法制度の可視化〟につながる」「取材の自由は最大限に担保されるべきである」と主張した。そのためには「裁判員選任手続、評議室、法廷内など各段階で、映像と音声取材が認められるべき」だとした。民放連の堀鐵蔵・報道委員長(名古屋テレビ放送社長)は二月五日、最高裁の山崎敏充・事務総長と会い、この骨子に沿って法廷内撮影も含む裁判の全面可視化、映像・音声取材の実施を求めた。

国民参加の法廷だというのに、裁判官だけを撮影するのでは、新聞の読者やテレビ・ラジオの視聴者に正しい情報を伝えたことにはならない。へたをすると、この事件には裁判員は関与していないのだと誤解してしまうかもしれない。そうした事態を避けるには、裁判員は顔の部分は写さないようにするとか、一定の制限付きで撮影を認めるのが、一つの考え方としてあるだろう。それも無理ならば、撮影を承諾した裁判員だけ裁判官と並んで撮影に応じるという選択もあるかもしれない。各地裁は、裁判員制度にふさわしい法廷写真にする工夫をしてほしい。

現在、写真に代わる手段として一般化している法廷内イラストが、引き続き認められるのは当然だ。ただし、イラストであっても、著名人が裁判員になったときなどに起こるかもしれない特定裁判員だけの詳細な描写が許されるかどうか、といった検討事項は残るだろう。

個人情報保護の観点から被疑者の顔写真、連行写真や、被害者・遺族の写真といったカメラ取材も見直しが必要になる。これらは裁判所側との申し合わせのようなものはできないから、報道するメディア側の自主的な対応にならざるを得ない。各社は自主的にガイドラインを定めてほしいし、各地の写真記者協会で新聞、放送、雑誌、出版を通じた基本的な申し合わせができれば、さらに望ましい。

話が横道にそれるが、現在の姿の新聞写真がデビューしたのは一九〇四年（明治三七年）一月二日の報知新聞紙面のようだという。新聞のカットが木版の時代に、報知は網版により、女官、女優と思われる八人の女性の顔写真を掲載し、世間を驚かせた（小林弘忠『新聞報道と顔写真』中公新書、一九九八年）。ニュース写真の登場も一九〇四年で、二月二五日の報知新聞が載せた日露戦争の海戦写真だった。

被疑者の写真は一八八〇年代、犯罪者を正確に照合するためフランスのパリ警察が採用したのが始まりだそうだ。日本の新聞でも、警察が提供した被疑者写真の掲載が始まり、テレビ受像機が一般家庭に普及し始めた昭和三〇年代には顔写真の使用率が最も高くなった。しかし、マス・メディア内部でプライバシーや人権への配慮が深まり、警察提供写真の掲載に抵抗感が強まるにつれ、一九八六年以降、顔写真の掲載は激減した。「人権と報道・

連絡会」の会員記者らがつくっている報道基準研究会が一九八七年に実施した新聞社、通信社、テレビ局の記者アンケート「顔写真、連行写真」（法学セミナー増刊『人権と報道を考える』［日本評論社、一九八八年］一三九頁以下）によると、被疑者の顔写真を「ぜひ必要」と答えたのは六・四％、被害者の顔写真については「ぜひ必要」が五・一％にすぎなかった。回答者は二四人と少ないが、掲載不要が三分の一を占めており、この時期には顔写真掲載への抵抗感が取材の現場で生まれ始めていたことが分かる。

毎日新聞社メディア編成本部長を務めた小林氏は、「（犯罪報道の記事が）容疑者なり、被害者に配慮を示す書き方を工夫している一方で、顔の撮影によって肝心の『個』の部分をさらけだすのは一貫性がない」と指摘し、「事実報道の建て前から実名報道は避けられないにしても、すくなくとも編集の矛盾を内在している容疑者、被害者、犠牲者の顔写真や連行写真は不要ではないか」と提言した。

報道は記事と写真・映像・グラフィックスが一体となって情報を視聴者へ届ける行為だ。記事にどれほど配慮を加えても、写真・映像・グラフィックスが〝問わず語りに〟特定の見方を示し、視聴者が全体として一定の印象を強く受け取ることが起き得る。アメリカの新聞「ワシントン・ポスト」でベトナム戦争当時、実際にあったといわれる出来事が面白い。キッシンジャー国務長官が機密情報を同紙の記者に漏らしたが、氏名の掲載を拒否し、「政府高官」という表現ならばいいというところまで折り合った。同紙は記事を「政府高官」と書き、氏名は伏せながらも、キッシンジャーの写真を記事とともに掲載したという（上杉隆『ジャーナリズム崩壊』［幻冬舎、二〇〇八年］二一八頁）。いかにも、ニュース・ソース（情報源）の明示にこだわるアメリカ・メディアらしい。

報道が心掛けなければならないのは、記事が全体として与える印象をよく考えることであり、記事だけ、写真だけについて、これからどうするかという議論ばかりしていてはいけないだろう。

(10) 裁判員の記者会見

新聞協会は二〇〇九年二月二六日、裁判員制度の施行後、裁判員を務める人に取材・報道への理解を求め、判決後の記者会見への参加を呼び掛ける「裁判員となるみなさんへ」(巻末資料)を公表した。この呼び掛けは「裁判員経験者が、その職務を果たして感じたこと、考えたことを率直に語り、社会全体で情報を共有することは『国民の司法参加』という制度導入の理念を定着させるうえで極めて重要」であり、また、「裁判員経験者に対する取材・報道は、新たな制度による司法権の行使が適正になされているかどうかを検証するうえでも必要不可欠」と説明。裁判員法には、裁判員の職務の公正さや職務に対する信頼を確保するため、裁判員の個人情報や評議の秘密等については守秘義務が定められているが、取材・報道にあたっては、「この立法趣旨と裁判員経験者の意向を踏まえ、国民の知る権利に資する報道機関としての使命」を果たしていくとした。

その後も新聞協会は最高裁と協議を続け、その結果、二〇〇九年三月四日、「裁判員経験者の記者会見開催に当たって」と題する文書をまとめ、各社に送った。報道側が裁判員の記者会見など取材について全国各地の地裁と協議する際、必要な事柄と、それに関する協会の考え方が示された。この文書は各地の報道機関と各地裁との協議を円滑に進める趣旨で作成されており、主な内容は以下の通りだ。

［日程連絡］裁判員裁判が予定される場合、裁判員選任手続や公判前整理手続などの公判日程は、確定の時点でできるだけ速やかに記者クラブへ連絡するよう地裁に求める。

［裁判員の記者会見出席の意向確認］裁判員が記者会見に出席するかどうかの確認は地裁を通して行う。意向確認の際には記者会見の意義等を十分説明するよう地裁に求める。了解が得られた裁判員の人数、了解が得られなかった裁判員の理由は速やかに記者クラブへ連絡するよう地裁に求める。

［記者会見の主催］原則として記者クラブ主催が望ましいが、柔軟に対応する。

［会見出席者］通常の記者クラブにおける会見と同様とするが、非加盟社（者）の出席は原則として記者クラブが判断する。裁判員の意向を踏まえ、裁判所と協議する場合もある。

［会見場所・時間］地裁内の記者クラブ会見・レク室、裁判所側会議室などの施設を基本とする。記者クラブは、裁判員全員の意向を確認後、出席の了解を得られた裁判員による会見をできるだけ早く開催する。

［質問事項］裁判員からの要請があれば質問は事前に提示するが、それ以外のことも質問できる（事前提示する質問は、例えば、裁判員法の趣旨を踏まえ、裁判員としての感想を中心に聞くこととなる）。

［裁判所側の立ち会い］　裁判所広報担当者の立ち会いは希望があれば、記者クラブ側は認める。

新聞協会の考え方で特に注目される点は三つある。一点目は、裁判員の記者会見出席の意向確認は地裁を通して行うことだ。評議がまとまったところで、裁判官がメディア側から記者会見の希望があることを裁判員に話すことになるだろう。これによって、裁判員としても応じやすくなるに違いない。二点目は、事前提示する質問は「裁判員法の趣旨」を踏まえるとされたことだ。法の趣旨をうたえば、当然、裁判員に守秘義務があることを念頭に置いた内容になる。三点目は広報担当者の立ち会いを認めることだ。裁判員の守秘義務に抵触するような質疑応答が行われて、裁判員法違反が問題になる事態は未然に防げるだろう。

これらの文書に書かれてはいない事柄で重要なのは、裁判員が記者会見をする以上、その終了後にメディア側が追い掛けたり、自宅まで押しかけたりしないことが、通常は前提になるということだ。記者会見後、集団的過熱取材が起きたりしないようにする〝紳士協定〟的な含みがあると言ってよい。

筆者は「裁判員が自分の意見を述べるのは、他の裁判員の意見などに言及しない限り、基本的に自由であるべきで、守秘義務の範囲も限定するべきだ」という趣旨の見解を裁判員制度・刑事検討会で表明している。それが実現していれば、これほどきめ細かな文書は必要なかっただろう。また、記者クラブの取材機関化を正面から前提とするような決着もなかったと思う。これで裁判所側は安心できるにしても、メディアの在り方の観点から見ると、課題を残した。

それでも、裁判員経験者の記者会見が実現するのは、この制度が国民の中に定着していく上で大きな意義がある。犯罪と正面から向き合って、社会の歪みを正していくには、このような場がぜひとも必要だ。多くの裁判員が裁判で感じたこと、考えたことを率直に語り、貴重な経験を広く伝えてくれるよう期待したい。

第３．罰則をめぐって

(1) 開示証拠の目的外使用

裁判員制度・刑事検討会のヒアリングで雑協が、場合によっては、あえて報道しなければならないニュースもあり得ることを示唆する発言をしたが、重大な内容の報道である場合は、罰則規定に違反することを覚悟して報道することもジャーナリズムの役割にほかならない。ただし、立法関係者の辻裕教・検事が著書『裁判員法／刑事訴訟法』（商事法務、二〇〇五年）で、現行法では開示証拠の取扱いに関する明確なルールは定められていないことを指摘し、処罰が想定される事例として「開示証拠の複製等が暴力団関係者へ流出したり、雑誌やインターネット等で公開された事例が現に発生している」と述べ、目的外使用に該当する可能性のある場合を示唆していることには十分注意しておく必要がある。

目的外使用の刑事責任を考えさせられる深刻なケースが二〇〇七年に起きた。医師宅放火殺人で長男の供述調書が講談社刊のノンフィクション『僕はパパを殺すことに決めた』に大量に掲載された事件だ。奈良地検が、長男の鑑定を行った精神科医を秘密漏示罪で起訴した。鑑定医が奈良家裁から精神鑑定の資料として渡された長男の供述調書などの資料を著者の草薙厚子さんに見せたことが、医師の守秘義務に違反したという。

取材活動に関連して取材源が秘密漏示罪で起訴されたのは前代未聞であり、メディアにとって衝撃が大きい。それだけでなく、この件がもし、公判前整理手続の中で検察側から弁護人に開示された被告人、証人らの供述調書などだったら、それは目的外使用の罪に問われる可能性があるという意味でも、メディアはしっかり検討しなければならない事案だ。直接的に起訴されるのは、それを交付、提示した被告人、弁護人であるにしても、記事を書いた記者らは教唆犯などの共犯に問われる可能性がある。事案が悪質で関与の程度が強ければ、共謀共同正犯とされるかもしれない。「あれは出版社の問題」と言ってはいられない状況が生まれている。講談社の第三者調査委員会は二〇〇八年四月、「出版社と筆者の脇の甘さが公権力介入を招いた」とする報告書を公表し、「供述調書の引用方法などに出版倫理にもとる重大な問題があり、取材源秘匿の重要性について理解がなかった」と厳しく指摘した。

この起訴は、少年の更生・保護を図る少年法の趣旨に反する行為や、供述調書をはじめとする証拠類の外部への事前漏えいなどを断固として許さない検察側の強い意志を感じさせる。鑑定資料とはいえ、商売の材料として使われたことへの検察当局の不快さが強く感じられる。検察側から見ると、取材者や出版社の刑事責任を問うことは、「表現の自由」との関係で大きな憲法論議に波及していく恐れがある。メディアとの正面衝突を避け、いわば裏側から、取材された側を摘発することで、同じような事案が起きないよう牽制する道を選択したのではないか。そうだとすれば、これは単純な筆者、出版社のミスといった問題ではなく、メディアが検察当局とどう向き合うか、真剣に論議しなければならない重大問題になる。公権力の介入を招かないため、メディア側は今後、一層の注意と慎重な対応が求められていることを強く自覚しなければならない。

取材の現場では、改正刑事訴訟法の立法過程で懸念された萎縮効果が現実に生まれ始めている。これまでなら、日常の取材を通じて築いてきた深い信頼関係から、弁護士が提供してくれていた証拠資料が手に入らなくなっている。事件の真相追及を不可能にしかねない深刻な事態だ。

共同通信社の社会部でも二〇〇八年六月、「裁判員連載」の取材過程で弁護士から提供を断られる事態が起きた。証拠開示請求によって若手弁護士が入手した捜査報告書の写真を見せてもらった記者が、それを原稿の併用写真として使おうと要請したところ、その弁護士は「法律事務所の先輩に相談したら、目的外使用に当たると言われた。それでは困るから」と返事をしてきて、結局、写真の使用は断念せざるを得なくなった。問題が起きるような写真ではないと思われたが、事前送信が終わっていた記事も、新たに用意した別の写真を配信したのに合わせて、内容を差し替えた。社会部は差し替え送信の案内に「刑事訴訟法に規定された目的外使用を理由に、併用写真の提供を拒否されたためです」と、あえて理由を記している。共同通信加盟の各新聞社に、厳しい取材環境が生まれて来つつあることを伝えたいという思いがあった。

この連載は、証拠開示を迫る弁護人活動などの重要さを訴えるのが狙いだった。取材の趣旨は弁護士も理解していたはずだが、いざとなると腰が引けてしまう。これから同じようなことが度々起きると、裁判資料を基にしたルポなどが不可能になる恐れがある。

裁判員制度・刑事検討会では、「開示証拠の目的外使用」について筆者を含めた少数の委員が、「正当な目的」がある場合は処罰しないなどの除外規定を置くべきだと主張した。そこで挙げられた除外対象は①別の事件の弁護への活用②学者の研究での利用③弁護士研修での利用④報道資料としての利用――だった。この問題について、何の議論もなしに立法化されたと受け取っている誤解もあるようなので、締めくくりの討議を行った二〇〇三年九月二二日の第二六回裁判員制度・刑事検討会議事録から意見の要旨を紹介しておきたい。

少数意見は次のように述べられている。

大出良知委員（九州大学教授）「例外的に利用が可能な場合について配慮する規定を置いていただく必要がある。前回、研究目的ということを申し上げたのですが、それにとどまらないというようなこともあろうかと思います。これで包括的にすべて目的外の利用ができないというようなことになるのは、ちょっと厳し過ぎる」

四宮啓委員（弁護士）「目的外使用の禁止というものがねらっている精神というのは、個人の秘密やプライバシーの保護とか、あるいは最終的には適正な刑事司法の運用の確保ということだと思うのです。そうだとすると、その精神を守るのに、当該被告事件の審理の準備以外の目的で使う場合全部を禁止する必要はないのではないか。ちょっときつ過ぎると思います。当該事件の審理の準備に加えて、例えば正当な使用とか、何かそういったものも是非入れてほしい。罰則については反対です」

髙井康行委員（弁護士）「目的外使用の禁止の規定自体はいいと思うのですが、審理の準備というのは、どの範囲なのかということが、やや不明確。これがあまりにも狭く解釈されてしまうと、本来使用していい場合も使用できなくなってしまう」

土屋「報道にかかわる部分で心配しているところもありまして、そういう規制効果を持つ規定だというふうにはあまり受け止められないような制度設計をしてほしい。公共性を図る目的がある場合は禁止の対象から除外するとか、正当な目的がある場合には除外するとか、そういうような形の規定ぶりにできないか。目的外使用というのは望ましいとは思いませんから、こういう規定が置かれること自体には反対ではありませんけれども、除外規定みたいな工夫ができないかと思う」

法案を起草した事務局にもメディア規制の意図はなかったと思うが、弁護士の間で萎縮効果が生まれ始めていることを考えると、裁判員法の見直し論議の中で、法改正を考えるべきではないか。メディア関係者の間では、報道との関係で規制効果を生むのではないかと心配する声が当時からあった。例えば、開示された供述調書を入手し、それを読んだときに、記述されている内容が報道に値すると考えられるとしたら、どうだろうか。もし、この事実を報道したら、「目的外使用」と判断され、弁護人とともに摘発されるのでは、書くべき記事が書けなくなる。それは無実の訴えも社会へ届かないことを意味し、単にメディアにとって不満なのはもちろんだが、それ以上に、無辜の不処罰という重大な利益を損なうことになるだろう。メディアの使命に反するだけでなく、無辜の不処罰という重大な利益を損なうことになるだろう。

法改正の方向としては次の二つが考えられる。一つは、これらの「正当な目的」があるときは除外する旨の規定を置くことだ。その例示として、別の刑事公判での活用、民事訴訟への利用、学問研究、法曹の研修、報道を具体的に書いておけばよいだろう。もう一つは、立法趣旨に沿って、禁止事項を書くことだ。この規定を置く趣旨は①弁護人から共犯者、あるいは暴力団関係者らに流れて、証拠隠滅や証人の威迫などに使われる②証人ら関係者のプライバシーが保護されない③社会に予断を与え、公正な裁判が行われなくなる――などのおそれがあるからだと考えられる。そうだとするならば、それらの心配な行為を具体的に列挙し、それだけに限定して規制したらよい。全面禁止というような硬直した解釈、運用は避けなければならないと思う。

（２）偽証罪

新しい刑事裁判の姿と関係して、検察側の姿勢の変化をうかがわせるのが、二〇〇七年ごろから偽証罪の摘発が増えていることだ。刑法第一六九条は、宣誓した証人が虚偽の陳述をしたときは三月以上一〇年以下の懲役と定めている。国家的な法益である国の審判作用を害することが刑事処罰に値するとされている。

従来の裁判では、被告人や証人が法廷でうそを述べても、捜査段階の供述調書があれば、検察側はそれを刑事訴訟法第三二一条一項二号書面として証拠申請し、採用される場合がほとんどだったので、それほど痛痒を感じなかったのだろう。証拠採用された供述調書は現実的には信用性の高い証拠として扱われ、法廷で何を言おうが、あまり関係なく事実認定されてきたのが実態だった。「調書裁判」と呼ばれる所以だ。

しかし、裁判員が参加すると、調書ではなく、法廷での陳述が格段に重要性を増す。検察側にとっては、虚偽の陳述は決して許せない。些細な部分ならばともかく、事件の核心部分で意図的に虚偽の事実を述べたりすれば、偽証罪に問われるケースが多くなるに違いない。

第2節　メディア各社の対応

第1.　紙面の変化

全国の新聞社のうち一部の社は、二〇〇八年度の新紙面で拡大文字化に踏み切るとともに、事件記事のスタイルを変えた。東京の紙面で最も変化が目立つのは読売新聞だ。二〇〇八年三月三一日付朝刊の一面トップは神奈川県横須賀市で起きたタクシー運転手刺殺事件の記事で、「脱走米兵聴取へ　知人に電話『刺した』」という大きな見出しが踊っている。リードでは、電話の事実が「横須賀署特捜本部の調べで分かった」と、情報の出所を明示。それに続く本文の書き出しは「捜査関係者によると」であり、この記事が警察情報であることが分かる。

朝日新聞も二〇〇八年三月三一日付夕刊の一面トップはタクシー運転手刺殺事件で、米兵の電話についてリードで「神奈川県警の調べで分かった」と出所を明記した。本文も「関係者によると」で書き出し、捜査の動きや事件に関する見方を示す部分は「県警は」と、主語を明らかにして書いている。従来ならば、「調べによると」と、客観的事実であるかのように書くところだが、あえて「捜査関係者によると」と書くなど、両社とも意識的に変えているのがよく分かる。

「発表によると」という書き方は、筆者が記者になりたてのころはタブーとされた表現だ。先輩記者からは「発表記事を書くのは広報紙。新聞は広報されたことでも疑って確認し、むしろ関係者が広報したがらない隠された事実を掘り出して、書くんだ」と、口酸っぱく言われた。安易に「発表によると」と書くのを許してしまうと、発表内容を疑って事実関係の確認をするという重大な作業を手抜きしてしまう恐れがある。その結果、捜査当局などの情報操作に利用される可能性があり、気を付けなければならない。

朝日、読売両社は「お知らせ」記事を掲載しておらず、こうした重大な変更について特段の言及はなかったが、新聞協会が公表したばかりの「裁判員制度開始にあたっての取材・報道指針」を受けて、いわゆる〝犯人視報道〟を避け、情報源を可能な限り明らかにする報道へと踏み出したことが見て取れた。

記事スタイルの変更は、うっかりすると見逃してしまうほどの小さな変化だが、その裏にある考え方の見直しは、事件・事故の取材・報道を大きく変えていく内容を含んでいる。このような現実的な変化が、これから全国の新聞社、テレビ局、ラジオ局にどれだけ広がっていくのか、注意して見ていきたい。

事件・事故・裁判報道の見直し（朝日、読売、共同通信）

	朝日新聞	読売新聞	共同通信
見出し	情報源を具体的に示す		「容疑」「疑い」などを付記
逮捕	発表の場合は「発表した」「発表によると」などとする。独自取材の場合は「捜査関係者」などを使い、情報の出所が分かる書き方にする	発表の場合は「警視庁は○日、○○容疑者を逮捕したと発表した」とする。発表されていない場合は「県警は～逮捕した。県警関係者が取材に対し明らかにした」とする	「逮捕容疑は～した疑い」などとする
情報の出所	従来の「調べでは～の疑い」といった表現をやめ、「○○署によると、～した疑いがある」などと情報の出所を明示する	「調べによると」はできるだけ使わない。公式発表か独自取材かで表記を区別する。【公式発表に準じたレクチャー】県警幹部の説明によると～。【夜討ち朝駆けなどの独自取材】地検関係者、捜査関係者によると～	「調べによると」は基本的に使わない。「県警によると～した疑い」「捜査関係者によると」「容疑者側の関係者によると」などとする
対等報道	もう一方の当事者、とりわけ弁護側の言い分を報道し、できるだけ対等な報道を心掛ける	弁護人によると～、被疑者、被告の関係者によると～	被疑者・被告側の主張の取材、報道を尽くし、できる限り、対等報道を目指す
容疑の認否	供述は変遷することに留意し、「捜査本部」「捜査関係者」などと情報の出所を示して客観的な表記にする	「○○署副署長によると、容疑を否認している」とする。取材源を明記する場合は「という」を省略できる	情報の出所を明示し、否認の場合は「弁護人によると容疑を否認している」などとする
プロフィル	裁判員に過度の予断・偏見を与える可能性があり、容疑者の名誉やプライバシーを不当に侵害するおそれもあるため、容疑性の濃淡などを判断要素にしながら、事件の本質や背景を理解する上で必要な範囲内で報道する。少年の場合は少年法の趣旨を踏まえ、より慎重に検討する	被疑者の悪性格だけを誇張することのないよう表現や扱いに留意し、複数の視点を含んだ報道を心掛ける	事件報道の目的・意義を果たすために必要な範囲で報道し、被疑者らを犯人と決め付けた報道はしない
前科・前歴		裁判員の心証に与える影響が強過ぎることから、注意が必要	これまで通り慎重に扱い、例外的に報道する場合は、必要性を十分吟味して慎重な表現を心掛ける。「おことわり」の出稿も検討する
有識者コメント	逮捕直後で状況や証拠、動機が十分に明らかになっていない場合、被疑者個人についてのコメントは原則掲載しない	前提となる事実が揺らぐ可能性があることを念頭に置いて論評してもらい、「～が事実とすれば」を省かない	「警察発表通りならば」などと断りながら論評し、被疑者らの有罪を前提としたコメントは出稿しない
備考	2009年3月22日付の朝刊で公表した「新しい指針」より	2008年3月の「事件・事故取材報道指針」より。部外秘	2008年11月の「事件報道のガイドライン」と「記事・見出し表現見直し」より。加盟社向け配布

（注）各社の担当者が公式、非公式に行った説明などを参考として筆者が作成

第２．各社のルール

（１）読売新聞社

読売新聞社は二〇〇六年一〇月から、事件・事故の取材方法や記事の書き方などをまとめた「事件・事故取材報道指針」（読売指針、非公開）の作成を始めた。東京本社の社会部が事務局となって検討し、二〇〇八年三月三一日に実施した（朝日、毎日、読売、中日、産経、共同通信の社会部長クラス座談会「事件・裁判報道を考える」〔新聞協会機関紙『新聞研究』二〇〇八年五月号所収〕）。裁判員制度スタート後の状況を見ながら、一、二年後を目途として、より現実に合うように見直したいとしている。

読売指針は『事件・事故の取材』「事件・事故の報道」「裁判員裁判事件の取材と報道」「写真の取材と報道」の四章に分かれている。このうち「裁判員裁判事件の取材と報道」は「無罪推定の原則に留意して、読者に偏見を与えないように配慮する」という点を大前提にし、「捜査段階の報道」「公判前整理手続の取材と報道」「公判及び裁判員の取材」と三つのステージに応じて書き分けられている。

東京本社社会部の担当者が二〇〇八年九月、マス倫懇で行った説明などによると、具体的な変更点は「情報源の明示」「加害者報道」「新たな司法制度への対応」の三点に大別される。情報源については、情報の出所を示せる場合は、捜査側の情報なのか弁護側の情報なのかを示すよう心がけることを原則とした。

加害者報道では、前科・前歴は抑制的に扱い、事件や疑惑との極めて密接な関連性、読者の理解に不可欠で報道すべき特段の事情、必要最小限度の範囲という三条件を課している。裁判記事でも、これまでは例えば、検察側の冒頭陳述に記載されていることは大筋で間違いのない事実として報道し、「検察側は冒頭陳述で～を明らかにした」などと書いてきたが、検察側や弁護側の冒頭陳述は、立証を予定している事実にしかすぎないということを、刑事裁判になじみの薄い一般読者や裁判員に理解してもらう意味で、「検察側は冒頭陳述で〜と主張した」などと書く。結審の日の記事は、検察側の論告求刑が主見出しになりがちだが、冒頭陳述同様、表現の内容とともに記事の量についても弁護側とのバランスが取れるよう努めるとしている。

新たな司法制度への対応のうち「捜査段階の報道」では、「容疑者の供述や捜査機関が得た客観証拠に関する情報でも、その評価に捜査機関としてのバイアスがかかることが多いことに注意し、供述や証拠が絶対的なものではないことが、読者に伝わるようにする」といった原則を立てている。また、「捜査や証拠に疑問点があり、取材を重ねても解消されない場合は読者に提示していく」「捜査段階での識者のコメントは、確定していない事実を前提としたものであることに留意し、『仮説』であることが分かるようにする」なども原則とした。

被害者参加制度との関係では、被告人に対する被害者・遺族の「論告求刑」を報じる際は、被告人が犯人であるという前提に立った一方的な内容にならないような記述にし、「あいまいな答えに終始した」などと独自の意味付けを加えたり、「憎しみを新たにした」などと情緒的な描写をしたりしないとしている。

これらの原則に従って、記述スタイルも変更された。主要な変更点は以下の通りだ。

① 逮捕原稿では「発表によると、〜の疑い」などと、捜査機関の発表であることを明示する。現行犯逮捕でも「○○容疑で現行犯逮捕した。発表によると、〜した疑い」などと記述する。ただし、相当数の第三者が目撃する中で起きた事件・事故で疑う余地がない場合は「容疑」を省略し、「○○の現行犯で逮捕した」とし、本文中の「疑い」も省くことができる。

② 起訴原稿は「起訴状では、〜としている」などと記述する。「起訴状によると、〜した」という断定調の表現はできる限り使わない。初公判の検察側の冒頭陳述でも、「検察側は、冒頭陳述で〜と主張した」などと、

一方の当事者の主張であることを明記し、「冒頭陳述によると、～」といった断定調の表現は避ける。

③ 公式発表に準じる捜査幹部のレクチャー等の場合は、「県警幹部の説明によると」「副署長によると」などと記述する。

④ 独自取材で得た情報は、「県警関係者」「地検関係者」などと記述する。

⑤ 逮捕・起訴を発表していない場合は「○○県警は～逮捕した。県警関係者が明らかにした」などとする。

⑥ 弁護人から得た情報は、できる限り「弁護人によると」と明示する。取材源を明示できない場合は、できる限り「容疑者、被告の関係者」などとする。

（２）朝日新聞社

朝日新聞社は二〇〇七年四月、検討チームをつくり、裁判員裁判に対応した事件報道の在り方について議論を始めた。新聞協会の指針も踏まえて二〇〇八年六月、「裁判員制度と事件報道～朝日新聞社の現時点での考え方と取り組み」をまとめ、七月から八月にかけて試行を開始した。その結果を蓄積、分析した上、二〇〇九年三月二二日付朝刊で、「朝日新聞社の指針」を公表した。

「新しい指針」によると、市民の強い社会的関心に応えることが事件・事故報道の「原点」であり、事件・事故報道には犯罪や事故などの危険情報を共有して再発防止を考えるリスクコミュニケーションの役割、隠された事実を明らかにし、権力を監視するなどの目的・意義がある。そして、「公正な裁判を受ける権利」（裁判員への予断・偏見の排除）の保障は一義的には国の制度設計の問題で、法曹三者の責務であり、報道に規制の網をかけるべきではない。従来の事件報道の基本的な枠組みである「容疑者・被告の人権を不当に侵害しない」といった取り組みをきめこまかく実施することで報道の自由との調整・調和を図るとしている。

大きな特徴は、事件報道の最大の問題点を「捜査情報＝確定的事実」と受け取られる恐れがあることと捉え、二つの改善点を示したことだろう。情報の出所をできるだけ明らかにして情報の主体と性格をはっきりさせる。次に、「事件の公共性・重大性と容疑性の濃淡、容疑者のプライバシーなどの人格権を比較衡量し、報道側の主体的な判断と責任で何をどこまで報じるかを自主的に決める」という考え方を示した。こうした立場から、記事の書き方に変更を加えている。主なものを列記してみる。

［情報の出所明示］捜査段階の情報は変遷する可能性があるほか、情報の裏付けを報道機関が即座に行うには困難が伴うことがある。捜査情報を確定した事実と受け止められることのないよう、情報の出所をできるだけ明示する。

・従来の「調べでは〜の疑い」といった表現をやめ、「〇〇署によると、〜した疑いがある」などと情報の出所を示す。

・警察当局の発表である場合は、「発表した」「発表によると」などと発表であることを示す。

・独自取材に基づく場合は、「捜査関係者」「捜査本部」などを使い、情報の出所が分かるような書き方にする。

・被疑者・被告人の「供述」は社会の正当な関心事であり、特に自白は、事件の全体像を探るカギとなる。供述はしばしば変遷し、人から人へ伝えられるうちにバイアスがかかることなどに留意し、「捜査本部」や「捜査関係者」などと情報の出所を示し、こうした情報源から伝え聞いた供述内容であると読者に伝わるよう客観的な表記にする。

［対等報道の徹底］もう一方の当事者、とりわけ弁護側への取材に努め、その言い分を報道し、できるだけ対等な報道を心掛ける。事実関係や捜査当局情報に対する意見・反論だけでなく、公権力の監視という意味からも、

深夜に及ぶなど不当な取調べが行われていないか、不当な長期間の勾留が行われていないかなどの状況を確認し、掲載するよう努める。また、被疑者・弁護側の言い分を安易に批判・弾劾しない。

［前科・前歴・プロフィル報道］これらを安易に報じると、裁判員に過度の予断・偏見を与える可能性があり、容疑者の名誉やプライバシーを不当に侵害するおそれもあるため、容疑性の濃淡などを判断要素としながら、事件の本質や背景を理解する上で必要な範囲で報道する。少年の場合は少年法の趣旨を踏まえて、より慎重に検討する。

［識者コメント］事件の背景や社会性に焦点を当てた場合、読者の有効な判断要素となる。

・事件の様態や容疑性の濃淡に応じて、要否や内容の適否、掲載時期を検討する。

・逮捕直後で状況や証拠、動機が十分に明らかになっていない場合、被疑者個人についてのコメントは原則掲載しない。

［被害者報道］被害者遺族の処罰感情の表現が、裁判員や世論に過度の影響を与える恐れがある点を考慮し、表現や見出し、記事の扱いに配慮する。

［公判報道］公判段階でも被告人を一方的に犯人・有罪と決め付けた報道はしない。従来以上に、起訴状、冒頭陳述、論告などは、検察側の立証予定や意見、主張であることなど、刑事手続上の位置付け・性格が明確になるようにし、確定的事実との印象を与える表現は避ける。弁護側の反証も積極的に報じる。

［見出し］以下のような視点を心掛ける。

・情報源を具体的に示すことで、確定事実と受け止められないよう工夫する。

・対等報道を意識し、とりわけ弁護側の言い分に見出しをつけるよう努める。

・処罰感情を必要以上に強調しない。

これによって、これまでの報道基準だった『事件の取材と報道二〇〇四』（朝日新聞社、二〇〇四年刊）は事実上改訂されたと言えるだろう。朝日新聞社の報道指針は一九九〇年に初めて小冊子にまとめられてから、『事件の取材と報道二〇〇四』が四回目の改訂だった。報道と人権に関するメディアの責任論を踏まえており、新聞社としての先駆的な取り組みの一つと評価できる。ただ、今後の刑事裁判に関する報道がどうあるべきか、については「犯人視しない報道」などの方向を示すにとどまっていた（津山昭英「メディアの主体性確立目指す」［新聞協会『新聞研究』六三七号、二〇〇四年］など参照）。

（３）共同通信社

共同通信社は二〇〇七年六月、裁判員裁判の実施までに独自のガイドラインを作ろうと、編集局長を責任者とする「裁判員制度検討委員会」を設け、社会部を中心に内容の検討に着手した。筆者も初期段階ではメンバーに加わって作業が進み、新しい刑事裁判や裁判員制度に即応した「事件報道のガイドライン」と「記事・見出し表現見直し」を二〇〇九年三月一日、実施した。これまでに、取材・報道の大原則を記した「記者ハンドブック」のほか、社会部が「記事を書くための基準集」を作成し、事件・事故の詳細な報道基準を設けているが、新しいガイドラインは事実上、これらの部分改訂になる。加盟・契約関係にある全国の新聞社、放送局に、新ガイドラインに基づく記事などが配信されるため、全国的な波及効果は大きい。

共同通信社は二〇〇六年四月、記者倫理についてまとめた「記者活動の指針」を作っている。これも作成過程に関与したが、裁判員制度をめぐる新聞協会の「指針」作りとよく似た論議が行われた結果、記者を縛る「べからず集」であってはならないということになり、当初、候補に挙がっていた「記者倫理綱領」というタイトル名はふさわしくないとされた。「記者活動の指針」が記者の心構えを記した事件・事故・裁判の報道に関する総論だとすれば、ガイドラインは各論に相当する。両者相まって、より望ましい取材・報道を行っていくことになる。

ガイドラインは、新聞協会の取材・報道指針を踏まえることや、事件報道の積極的な意義を明記し、今後は「過度の予断を与える恐れ」にも十分留意することをうたった。その上で一二項目を立て、考え方を整理した。

読売、朝日両社と同様、容疑者報道の徹底、情報の出所の明示、検察側と弁護側の対等報道、すべてが真実との印象を与えることのない供述報道、事件の本質や背景を理解する上で必要な範囲内で報じるプロフィル報道などを明記した。両社よりも踏み込んだ特徴としては次の三点を指摘できる。

①裁判取材の充実

裁判所、検察側、弁護側の取材を充実させ、初公判前の争点整理、証拠の採否などを確認する必要がある。裁判員、補充裁判員の取材については「その人物を特定できる個人情報は、裁判員らの違法行為や非行を指摘する場合を除き、原則として報じない」「裁判終了後、元裁判員らの個人情報の報道は本人の意向を尊重する」などとする。

②被害者報道の原則

事件の被害者、遺族の悲しみや犯罪を憎む心情などは必要な報道に努める。無理な取材は避け、集団的過熱取材を起こさないよう十分注意する。ただ被害者や遺族が被疑者・被告への激しい処罰感情などを明らかにした場合には、客観的事実に基づいているか、過度の予断を与える恐れがないかなどの点も考慮し、慎重に扱う。

③長期取材の必要性

新たな事実が確認され、以前の報道内容が異なることが明らかになった場合や、それに伴って被疑者らの名誉を回復する必要が生じた場合などは、早急に新事実を報道し、既報内容を改めたり、名誉回復を図ったりしなければならない。

記事・見出しの表現も、ガイドラインに従って見直した。情報の出所を「県警によると〜」などと明示することや、捜査情報はそれ以外の情報と区別して「逮捕容疑は〜」などと記すこと、被疑者の供述の報道では「県警（捜査関係者）が明らかにした」と書くことなどは読売、朝日両社と基本的に共通する。異なる主な点は、社会的関心の高い事件以外は「容疑を認めている」と書かないこと、被疑者・被告人の前科・前歴を例外的に伝える場合は「事件の背景を伝えるために報じました」といった「おことわり」の掲載も検討すること、識者コメントは「警察発表通りならば」と断りながら、あくまで仮説であることを伝えることなどの明記だ。特に、記事の見出しは、供述やプロフィルなどで決め付けた表現を避け、場合によっては被疑者・被告人側の言い分も見出しに取るとしたことは特徴的といえるだろう。

（4）毎日新聞社

新しいガイドラインの策定は、読売、朝日、共同通信の三社が先行した。やや遅れはしたものの、毎日新聞社は二〇〇八年一二月二二日付朝刊で、「裁判員制度スタートに向けて、事件・事故報道に関するガイドラインを作成した」とする記事を掲載し、記事スタイルの一部見直しを二〇〇九年一月から順次適用していくことを表明した。裁判員制度の開始、被害者参加制度の導入によって「刑事裁判は大きな転換点を迎え」たため、「報道の自由と公正な裁判の調和のためには、事件・事故報道にも一層の工夫が必要」と説明している。

ガイドラインは「記事を書く際にはできる限り情報の出所を明示する」ことと、「捜査当局の情報に偏ることを防ぐ意味から、容疑者・被告側の言い分をできる限り取材し、報道する」ことという二点を強調し、概略以下のように主な見直し点を紹介している。

［逮捕容疑］「無罪推定」が刑事司法の原則であることを確認し、逮捕・公判を通じて「犯人」と決め付ける報道は避け、客観的な報道に努める。特に逮捕容疑を記事化する場合は、確定的な事実ではなく、あくまでも疑いの段階であることが分かるようにする。具体的な表現としては「調べでは（調べによると）、容疑者は～した疑い」として、情報をまとめて記してきた表記をやめ、「（逮捕）容疑は～としている」などとし、逮捕容疑以外の捜査情報は「〇〇署（地検）によると」などと出所を明記した上で伝える。

［情報の出所］報道の信頼性を高めるために情報の出所を原則として明示する。

［供述報道］捜査過程で得た供述に関する報道は伝聞であり、その後変遷することもあるため、報道に当たっては特に慎重さが求められる。具体的な表現としては、確定した事実と受け取られないよう留意し、「分かった」「明らかになった」との表現は避ける。

［プロフィル、前科・前歴の報道］事件の本質や背景を理解するために必要な範囲で報じる。

［被害者報道］容疑者特定後の被害者についての報道が裁判員の判断に影響を与える可能性があり、被害者らの思いを酌みながらも、処罰感情を強調しすぎることがないよう、見出しの表現や記事の扱いを考える。

［公判報道］被告側、検察側双方の主張を可能な限り反映させた報道を心掛ける。「起訴事実」という記述は「確定的な事実」と受け取られる恐れがあるため「起訴状の内容」「起訴内容」と改め、「起訴状によると～したとされる」などと改める。検察側の冒頭陳述は、検察側が立証しようとしている内容にすぎないとの位置付けを明確にするため、「～と主張した」などの記述にとどめることを徹底する。論告求刑も断定調の書き方はしない。

［識者談話］事件の全体像が判明しない段階では、識者談話が事件の性格や被疑者・被告人、被害者らについて誤った印象を与える恐れもあるため、十分に留意して取材にあたる。

［見出し］「最も予断を与える」との指摘もあり、ガイドラインを踏まえ、的確な見出しを付ける。

（5）日本放送協会

放送メディアとしては初めて、ＮＨＫが二〇〇八年一二月二四日、「裁判員制度開始にあたっての取材・報道ガイドライン」を公表した。「逮捕された容疑者を犯人と断定するような報道をすると、将来裁判員になる可能性のある視聴者に先入観を与える可能性があると指摘されているため、事件報道のあり方を改めて議論し、放送で注意する事項などを局内向けにまとめた」としている。主な内容は次の諸点だ。

① 容疑者を犯人と決め付ける報道をしない。取材源秘匿の原則を守りながら、情報の出所をできる限り明示し、容疑者側の主張をできる限り取材・放送する。

② 容疑者の経歴や家庭環境は、事件の背景・本質を理解するため必要かどうかを判断して報道する。専門家のコメントは容疑者を犯人と断定した言い方にならないよう注意する。

③ テレビニュースの制作では、ニュース番組の冒頭などで短く要約した内容を伝えるときは、元の原稿の趣旨と異ならないようにする。タイトルや字幕スーパーも、容疑を断定した表現にならないよう注意する。

④ 映像の配慮としては、容疑者の顔写真や映像は必要以上の回数や長さで使わないよう注意する。容疑者の悪質さをことさら強調するような映像編集は避ける。

⑤ インターネットなどテレビ以外のニュースでも、タイトルなどが断定的表現にならないようにする。

⑥ 裁判段階の取材では、裁判員の個人情報保護や接触禁止、守秘義務などを定めた法の趣旨を十分に尊重する。

このガイドラインは二〇〇九年の年明けから社会部で試行し、地方局の取材・制作現場に周知した上で二〇〇九年春から全局的に実施された。

（６）民間放送各社

民放でも事件・事故の取材・報道については、例えば、日本テレビが二〇〇二年八月、「被害者報道のあり方」という冊子をまとめるなどの動きがあった。日テレの冊子は「取材編」「放送編」「資料編」の三つに分かれ、ガイドラインが定められている。ただし、これも、もし違反行為があった場合、被害者から損害賠償請求訴訟などに使われる心配があることなどから、外部には公表されていない。

取材編では「被害者・家族取材の心得」として「被害者宅への非常識なほどの執拗な電話、インターホン取材」などはしないよう、十分注意するとした。「集団的過熱取材への対応」としては、まず「現場に集まった取材記者等がメディアの枠を超えて民放、ＮＨＫ、新聞、雑誌等とともに問題解決のための方法を模索し、被害の回復に努める」が、もし、現場での解決が困難なときは速やかに本社へ報告し、本社が①民放連・報道問題研究部会（在京キー局五社で構成）に調整を依頼する②民放連側の結論をもって、必要な場合は、新聞協会・集団的過熱取材対策小委員会と調整する③さらに雑誌協会等に協力を呼び掛ける――と、メディア全体での対応策を記している。また、放送編では「プライバシーと表現上の配慮」がうたわれ、顔写真やＶＴＲ映像はニュースを視聴者にリアルに伝える強い要素である一方、放送された場合、被害者に苦痛を与えることもあるのが現実であり、その使用に「一定の制限を加えることがありうる」とした。

しかし、この冊子は、作成の目的が被害者報道の見直しにあることから分かるように、刑事裁判に関する取材・報道の在り方については述べていない。新聞社に比べると、概してテレビ各社は、事件・事故・裁判の在り方に関する基準作りが遅れている印象がある。

筆者は二〇〇七年八月、裁判員制度の実施を控えて民放連が自主ルール問題の検討を始めたとき、第一回講師として問題の所在と経緯について話すように依頼され、民放連としての指針策定や各社のガイドライン作りの必要性を説いた。各社報道部長クラスのメンバーによる議論の成果は二〇〇八年一月の民放連見解として結実したが、その後、民放キー局が新たなガイドラインの作成に取り組んでいると聞く。ローカル局も、それぞれ自社の報道基準を定めるよう、あらためて望みたい。

第3．ガイドライン随想

（1）外圧への対処策

自社のガイドラインを作ることは、取材・報道の根本姿勢をどう定めるか、にかかわることであって、裁判員制度のスタートと直接の関係はない。それは、ちょうど、刑事司法全体の改革が、裁判員制度の実施とは関係なく進んでいてもおかしくないのとよく似ている。しかし、どちらも裁判員制度が契機とならなければ、ここまで具体化はしなかっただろう。数年前はほとんど関心を示さなかったメディア各社が動きだし、二〇〇八年三月末から、自社ガイドラインを実施する社が現れた理由はどこにあるのだろうか。

第一に、自民、公明の与党を中心とした国会議員の中に、メディア規制立法の火種がくすぶっていることへの警戒感がまずある。特に、裁判員制度実施から三年が過ぎた後の見直しで、偏見報道規制が息を吹き返す心配が残っており、そうはさせないようにしなければならないという意識が広まってきた。

第二は、最高裁刑事局、日弁連などの司法関係者から示された事件・事故・裁判をめぐる報道への懸念に、メディア自らが答える必要があることだ。これを怠れば、裁判員制度実施に当たっての報道側の取材要望に応じてもらえないことがはっきりしていて、ガイドライン作りを避けるわけにはいかない。

第三に、メディアを取り巻く環境が厳しさを増し、犯罪被害者への取材などが従来の慣行的な手法では通用しなくなりつつある。報道の必要性に理解を求め、原則を作って被害者らに接触するしか選択肢がない。

これら三点は、言ってみれば〝外圧〟に迫られた対処方策であって、自主性に乏しい。メディア内を見渡したとき、「このような独自のガイドラインは不要だ」とする意見がかなりあるのは、その辺りの事情を敏感に感じ取った反応だろう。

実際にガイドラインを比べてみると、読売、朝日、共同通信の三社だけでも、力点の置き方が微妙に異なることが見て取れるだろう。三社とも新聞協会の指針を大枠として受け入れながら、その枠内での取材の仕方、記事の書き方に少しずつ違いがある。それは、外部の意見にどう対処するか、という点をめぐる姿勢の違いの反映のように見える。

読売新聞社の場合は、メディア不信への対応策という色彩がより強く感じられる。取材源である捜査当局への配慮が、例えば、公式発表の場合、発表に準じる場合、独自取材の場合という三つの場合で細かく区分して示されている。自分の社だけの特ダネを攻撃的取材で取ってくることを重視し、できるだけ記事に生かそうとする意識があるからだと推測される。こういう発想は共同通信社にはあまりない。自社の特ダネであろうと、共通ネタの発表であろうと、取材・報道の在り方に変わりはないだろうというのが、あらゆる新聞社、テレビ局などに記事配信をしている通信社特有の考え方なのかもしれない。しかし、競争意識の強い全国紙にしてみれば、特ダネこそが重要であって、それを少しでも生かしていくことは大問題なのだ。

朝日新聞社の場合は、政府・与党や法曹関係者からのメディア規制につながりかねない動きに対する警戒感が滲み出ているようだ。「新しい指針」では、主に法曹関係者が「公正な裁判」への報道の悪影響に懸念を示していることを強く意識したかのように、正面から「『公正な裁判を受ける権利』（裁判員への予断・偏見の排除）の保障」に言及している。

両者に比べると、共同通信社はガイドラインのハードルが低い。日本で第三位の発行部数になる東京・中日新聞社をはじめとするブロック紙や各県紙のほか日本経済新聞社ら経済紙、スポーツ紙も含めて、加盟社のどこからも強い反対が出ない内容であることが大前提になるので、独自色が出しにくいからだ。テレビ局、ラジオ局、FM局など放送局の同意も得なければならない。このガイドラインにしても、原案を加盟社の会議に提案してから修正に次ぐ修正で、結論が出るまでに一年半もかかってしまった。

ガイドラインを作った社だけ見ても、これだけの違いがある。嗅覚の違いのようなものだから説明はしにくいが、どのような内容であれ、まとめた社がいくつかあることは大いに評価してもらいたいと思う。

（2）理論的肉付け

裁判員裁判が始まった後のことを予測してみよう。裁判員を呼んで第一号事件の審理が始まるのは二〇〇九年夏前。おそらく第一号判決は、検察側と弁護側に争いがない比較的単純な事件が対象となり、七月末ごろ言い渡されるだろう。もし、有罪判決ならば、弁護側が控訴するかもしれない。控訴理由として予想されるものは主に二つあり、一つは裁判員裁判が「憲法違反」だとする主張、もう一つは「重大な事実誤認」の主張だ。これを高裁が退けたとすると、弁護側は憲法違反、重大な事実誤認を理由として最高裁へ上告するに違いない。この二つは上告理由として認められるから、最高裁は大法廷を開き、一五人の判事全員で審理をするだろう。

この「重大な事実誤認」の理由の一つとして、報道の影響で、裁判員が被告人は有罪だという先入観を抱いたまま判決したことが主張される可能性がある。アメリカでは、外部の圧力によって陪審員が不当な判決を下したとして当事者が裁判所へ訴え、それが認められたときには、陪審が下した判決は無効とされ、陪審裁判はやり直しになる。あらためて陪審員を選び、最初から手続きが始まる。実際に、陪審が無効と判断された例もある。同じような訴訟が、裁判員制度の下でも、直ちに起こされる可能性を考えておかなければならない。

そのとき、メディア側が漫然と、何の対策も取らずに報道を続けていたら、どうなるだろうか。判決以前に新聞に掲載された記事や写真、テレビで放送されたニュースや番組、雑誌の記事などが俎上に上げられ、その報道ぶりが「裁判員に悪影響を与えた」と判断されることがないと言い切れるだろうか。もしかすると、有罪判決を受けた被告人は「有罪になったのは不当な報道があって、裁判員が強く影響されたからだ」と主張し、各社を相手に民事の損害賠償請求訴訟をおこすかもしれない。

ガイドラインを持たない社は、どのように反論できるのだろうか。きちんとした取材、報道をしていることを、どのようにして立証できるのだろうか。ガイドラインに「無罪推定の原則」を尊重すると明記するなどし、「このようにして犯人視しない記事、放送をしているのだ」と説明できなければ、苦境に立たされる可能性がある。もちろん、その通りにしていなければ、それを逆手に取られて困ることも予想され、ガイドラインを公表しない背景には、訴訟、苦情を意識した判断が見て取れる。しかし、訴訟や外部批判などを恐れて公表できないというのでは、批判精神を命とする言論機関としては、少し情けないのではないか。

犯人性を推認される報道だと批判されないようにするには、どのような理論武装をしておかなければならないか。その質問に対する答を用意しておかなければならない事情が、実は、メディア各社にあることが、ほとんど意識されていない。問題点の整理と、諸原則の理論的な肉付けがまだ足りない気がする。

渕野貴生・立命館大学法科大学院准教授（刑事訴訟法）は、被疑者・被告人の適正手続を受ける権利の保障という視点から、「報道機関は、たとえば、有罪視報道を通じて裁判所に予断を生じさせることによって無罪推定の法理の保障・公平な裁判所による裁判を受ける権利を侵害させることはできるから、国家が、適正な手続を確保するという自らの義務を履行するために必要な手段として、報道機関に対して一定の法的規範を課すということはありうる」と指摘する（渕野貴生『適正な刑事手続の保障とマスメディア』［現代人文社、二〇〇七年］二三八頁）。渕野准教授は「被告人の公平な裁判所による公正な裁判を受ける権利の侵害をもたらすおそれのある事前の有罪視報道」に対しては、報道の影響が少ない地域の地裁へ裁判の管轄を移す「管轄移転の請求」や裁判員等選任手続での詳細な質問といった刑事手続側での対応のほかに、「捜査・訴追機関による報道機関に対する情報提供の制限、報道機関に対する両当事者対等報道の義務付け、そしていずれの手段も効果を持たなかった場合に、最後の手段として、刑事裁判自体の打ち切りという重層的な対応方法によって、被疑者・被告人の適正手続を受ける権利保障を実現すべきである」（二八五頁）と提案する。

このようなメディアに対する「義務付け」の提案をするからといって、渕野准教授がメディア規制論者というわけではない。渕野准教授は「表現の自由をないがしろにするつもりは全くない。報道機関の活動に不必要な規制をかけるつもりもない」と述べ、むしろ、「報道機関による自主的・主体的な改革に少なからず期待している」と書いている。最近は、報道に理解を示す学者、実務家から、かえって報道機関に「自主的・主体的な改革」を求める声が高まっていることを、メディア側はもっと厳粛に受け止めるべきだ。

従来の法律家は、仮に有罪視報道が行われても、訓練を受けたプロ中のプロである裁判官は影響を排除して、正しい判決ができると説明してきた。しかし、渕野准教授は「これまでのように職業裁判官だから大丈夫という、冷静に考えてみれば何の根拠もないレトリックでうやむやにすることは、もはや許されない」とも述べている。

メディアは、どのような報道をしても「職業裁判官だから大丈夫」という甘えた幻想を捨て去らなければならない。そうでないと、被疑者・被告人の適正手続を受ける権利を重視する人々から、手厳しい批判にさらされることだろう。

各社のガイドラインには、それぞれ不徹底な部分がある。報道姿勢に違いがある以上、仕方がないことなのだが、不徹底部分がどの社を見ても共通しているならば、一言言っておかなければならない。

例えば、地裁の判決が出た後の報道の仕方については、各社とも揃って、ほとんど関心がない。無罪判決が出されれば、被告人を犯人視した報道は許されないのが当然だ。しかし、有罪判決であって、しかも、それを不服として弁護側が控訴した場合は、もう有罪なのだから、それまでしていた色々な配慮はしなくてよいのだろうか。控訴審では高裁の裁判官だけが審理をするので、影響を考慮する必要がないと考えるとしたら、大間違いだ。控訴審が、地裁の判決に誤りがあるとして差し戻す判決をした場合、地裁は再び裁判員を選んで、裁判をやり直さなければならない。そのときにメディアが、配慮のない報道をしてしまっていたら、それまでの努力は無に等しくなってしまう。

ワシントン・ポストのスタイルブックが書いたように、控訴審でも同様の配慮をするべきであり、さらに言えば、最高裁判所へ上告されることも考えておかなければならない。控訴審判決が有罪でも、上告審判決があるまでは、犯人視した報道などを控えるのでないと、趣旨は徹底されない。報道に携わる者の気持ちからすれば、地裁で有罪判決があったら、それまで抑えていたものを吐き出したくなるが、ガイドラインの内容は、控訴審、上告審の審理を経て被告人の有罪判決が確定するまでは続けるのでないと、首尾一貫しない。

将来の事件・事故・裁判報道は、発生直後や初公判、論告求刑の時点に大量の報道が行われてきた従来のパターンを変えざるを得ない。地裁の判決があった後のフォローアップ報道や、判決確定後の検証報道に力点を置くように変わっていくべきだ。不確定な事実を大量に流す報道を改め、事件・事故・裁判を読者、視聴者へ伝えるとともに、その内容も徹底的に検証する報道へと脱皮していかなければならない。

（3）自律性の強化

メディアは決して独善的であってはならないし、一般読者や視聴者からの批判にも正面から答えられなければ、社会の信頼は失われる。信頼性確保の重要な道が、メディア各社の「自律性」だと考える。前述したような〝外圧〟によって変わるのではなく、自らの姿を自ら正していく基本姿勢を内部的に確立し、そのことを外部にも見せていかなければならない。自律性の強化こそが、今後の最大の課題となるに違いない。

それには、自社ガイドラインの策定が、最も外部に見えやすい。裁判員制度対策として便宜的に作るだけという社もあるだろうが、それでも作らないよりはまだましだ。実際に作って運用していけば、その過程で、いろいろな意見が出てくる。議論すること自体が、自らの姿を見直す契機になるだろう。

事件・事故・裁判について取材の仕方、記事の書き方、報道の仕方などを逐一検討していくことは煩雑極まりない。記者は、ナマのネタを取ることには熱心だが、それを整理したり、理論付けて考えたりすることは、あまり得意ではなく、とかく敬遠しがちになる。しかし、取材・報道の在り方を常時検討し、改善していくことこそが、これから自分達が生き残っていく道なのだということを、メディアはもっと認識してほしいと思う。多くの社が何らかのガイドライン的なものを公表するよう、期待している。

第5章　裁判員制度の実施

マス・メディア各社が事件・事故・裁判のガイドラインなどについて話し合ったマスコミ倫理懇談会第52回全国大会 =2008年9月26日、熊本市

第1節　法曹三者との協議

第1．裁判所との申し合わせ

裁判員制度の実施に当たり、新聞協会、民放連などのメディア諸団体が法曹三者と協議し、守秘義務を課された裁判員などの取材・報道の仕方について申し合わせのようなものを作る作業が続いた。最高裁は二〇〇七年春、新聞協会から取材上の要望事項について非公式な協議申し入れの打診を受けたときに、新聞協会が公正な裁判を確保するための自主ルールを公表するのでなければ応じられないとの強い姿勢を示した。しかし、二〇〇八年一月、新聞協会が「裁判員制度開始にあたっての取材・報道指針」を、また、民放連が「裁判員制度下の事件報道について」を相次いで公表したことを基本的に評価し、その後、取材上の要望事項についての協議に応じた。

申し合わせをつくる客観的な条件が整ってきている。最高裁あるいは東京地裁が東京の司法記者会（新聞社とNHK、民間放送キー局の計一五社で構成）との間で協議を進め、モデル案を作れば、それが全国の地裁でも参考となるのは間違いない。地域の地元記者クラブなどと各地裁が同様の協議をまとめていってほしい。

こう言うと、雑誌やフリーのジャーナリストからは「閉鎖的な記者クラブ制度を前提にした提案であって、新聞・通信・テレビの既得権を守るだけだ」と批判されることだろう。しかし、この申し合わせは、記者クラブに非加盟のジャーナリストを締め出す内容にしてはならない。作るのは地元の記者クラブであっても、記者クラブ加盟社以外の記者（写真記者らも含む）にもオープンにされるべきだと思う。また、外部の記者も、およそ裁判所から何らかの便宜供与を受けようとするならば、内容が不合理でない限り、従うべきではないか。モデル案に則って秩序立った取材ができれば、それは公正な裁判の実現を脇から支え、被疑者・被告人の権利侵害も回避する道になるに違いない。

第2．申し合わせの内容

(1) メディア側の要望

新聞協会の内部的な議論では、各社から主として以下のような要望事項が出された。

［裁判員候補者名簿の作成］

① 個人が特定されない範囲で、地裁・支部単位での候補者名簿の総人数、性別、年齢などの統計的データの提供を求める。

② 市町村選挙管理委員会での抽選場面の撮影を求める。

［裁判員候補者の抽選］

① 裁判員制度の対象事件ごとに、抽選で選ばれた候補者の総人数、性別、年齢などの詳細な情報開示を求める。

② 辞退を希望した人数、辞退が認められた人数と属性、辞退が認められなかった人数・属性・その理由、抽選の際のトラブルの有無などについて情報を開示する。

③ 抽選場面の撮影を求める。

［裁判員の選任］

① 候補者の総人数、性別、年齢などの開示の提供を求める。

② 来訪者が地裁へ入るときの取材（撮影）が可能になるようにする。

③　候補者のプライバシーに配慮した上で、選任手続場面の撮影を求める。

［公判前整理手続］

争点整理の結果の公開、終了後の裁判所側によるレクチャーのルール化を求める。

［公判］

①　通常の裁判と同じように、裁判官、裁判員が全員入った廷内撮影を求める。

②　法廷内イラストは規制すべきではない。

③　裁判員が解任されたときは解任理由を含め速やかな情報開示を求める。

［評議・評決］

①　裁判員に課された守秘義務の範囲・期限の明確化を求める。

②　公正な審理が行われたかどうかの検証をするために、評議の場の雰囲気、裁判官の指揮や印象、評議に参加しての感想などは守秘義務に含まれないことを確認する。

［判決後］

出席に同意した裁判員の記者会見を求める。

（2）議論の行方

申し合わせは、被告人の身柄を拘束する「勾留」の手続から始まるのが相当ではないかと考える。裁判所側は裁判員制度の対象となる各事件について①勾留理由開示の法廷が開かれるときは、その期日②勾留段階からつく国選弁護人と私選弁護人の氏名、連絡先、所属弁護士会などの情報③公判前整理手続の期日と予定——を明らかにすべきだろう。

さらに重要なのは公判前整理手続の内容をめぐる広報だ。この手続は従来、公開の法廷で行われていた証拠請求、証拠採否、立証趣旨の説明、弁護側の主張の明示などの手続を実質的に前倒しした意味がある。しかも、裁判官が主宰して非公開で行われるため、裁判員制度反対派からは〝密室裁判〟との批判も浴びている。この手続の進行状況、争点整理の結果などはできるだけ国民の前に明らかにする方が望ましい。その意味で地裁側は、開示された検察側と弁護側の主な証拠、事前に行われた精神鑑定などの有無、整理された争点、証拠調べの予定、検察側と弁護側が予定している主張、審理計画、第一回公判の進行予想、裁判員候補者の呼び出し日、判決期日の見通しなどをメディア側（記者クラブ）に連絡するのが望ましい。

また、裁判員・補充裁判員の選任手続の様子、判決文や判決要旨の交付などについても、地裁とメディア側との申し合わせが欲しい。これらの諸点は取り扱いに微妙な問題が絡むが、裁判報道を正確に行うためには、どれも必要な情報であり、裁判所側はできる限り応じるような仕組みにしておいてほしい。

（3）法務省、日弁連との合意

同じようにメディア側は最高検、日弁連とも協議し、それぞれ「申し合わせ」を行うとよい。最高検との間では、公判前整理手続の際に提出する起訴状と証明予定事実陳述書の事前渡し、開示した証拠の概要説明、陳述予定の冒頭陳述書、論告書とその要旨の事前提供などについてルール化しておきたい。

各地の弁護士会とは、陳述予定の冒頭陳述書、最終弁論書とその要旨の事前提供などについて、できれば原則的な取り決めがあるのが望ましい。前述した共同通信社の「弁護士取材の要望事項」が参考になるだろう。

このようにして法曹三者との間で合意ができ、整然とした取材になれば、裁判員制度実施に伴うメディア規制の声を封じることができるのではないか。その影響は、新聞協会などに加盟していないメディアの取材・報道にも自ずと及んでくると思う。

第2節　新聞協会指針への誤解

第1．警察の対応

新聞協会が指針を公表した後、事件・事故の情報をどのように扱い、どのようにメディアへ提供すべきかについて、警察、検察、弁護士の対応の仕方に、どうやら誤解があるように見受けられる。

警察幹部の中には「捜査当局側は、これから、被疑者や関係者の供述、証拠をあまり発表してはいけないということなのか」と受け止めた人がいるという。しかし、指針が述べているのは、捜査当局から正確な情報がきちんとメディア側に提供されることを大前提とした上で、それらの情報をメディア側がどう処理すべきか、について基本的な考え方と姿勢を示したにすぎない。捜査当局にはこれまでと同様、市民にとって必要な情報の幅広い情報提供を求めることに、いささかも変更はない。

このような誤解が広まると、これから警察関係者が事件・事故の情報提供に非常に慎重になるのではないかと心配だ。事件・事故が起きたとき、以前は当事者の住所、氏名、年齢、現場の番地、逮捕状執行の事実などの基本的な情報が警察幹部から広報されていた。しかし最近は、特に個人情報保護法の施行以来、当事者が公表を望んでいないことを理由として、これらの情報提供が行われないケースが目立っている。個人情報保護を口実にした情報隠しとしか思えないケースもある。これでは、例えば、逮捕された被疑者が誰であるか、正当な逮捕なのか、違法な取調べはないかなどについてメディア側が確認することが難しくなる。情報隠しが横行すれば、警察首脳がいかに捜査の適正化を叫んでも、冤罪が増える心配がある。警察内部の不祥事も隠されてしまう。

逮捕状執行の日時、逮捕容疑の内容など基本的な事実関係を公表することは、適法な捜査をしている証明であり、警察にとっては義務ともいうべきことだ。「公正な刑事裁判」を口実にした情報の出し惜しみは本末転倒であって、「公正な刑事裁判」は適切な捜査情報の開示によってこそ確保される。

「この情報を公表したら弁護人から文句を言われる」という理由で、情報を出し渋ることも心配だ。警察幹部は弁護人の苦情など気にもせずに、都合の良い自白情報などを平然と話すことがある。具合の悪い情報だけ、苦情への心配を理由に提供を拒むのは、ご都合主義ではないか。社会にとって意味のある情報は公表すべきであって、それが結局は警察への信頼を増すのだと思う。

第２．検察の対応

検察当局はもともと、被疑者の逮捕、起訴の時点で逮捕容疑、起訴状の内容を公表する程度しか説明をしてこなかった。裁判は公開が原則だから、公判が始まれば、冒頭陳述などによって背景事情、証拠の内容などが自ずと判明するということのようだ。筆者が東京地検特捜部などを回っていたときも、発表資料はいつも起訴状だけで、後は何を質問しても「ノーコメント」という、木で鼻をくったような応対をされるのが普通だった。ロッキード事件のような大型事件の公判では、検察官の朗読が終わった後に冒頭陳述書、論告書が渡されたが、そのほかは一切、公式な説明などはなかった。

しかし、今は時代が変わった。検察のすることなら、何でも認めてもらえるというわけにはいかない。これまでなら、外野席の声に馬耳東風を決め込んでも済んでいた検察といえども、もはや国民の理解と支持がなければ立ち行かないことが明瞭になっている。刑事裁判へ国民が参加するということは、〝検察官司法〟〝調書裁判〟と呼ばれてきた刑事司法が根本から転換を余儀なくされることを意味している。メディアに対しても、捜査の内容や立証方針などについてある程度の説明をし、理解を得ておく方が、検察にとっても望ましい状態が生まれていることを、裁判員制度の実施を契機に強く認識し、考え直してもらわなければいけない。弁護側とのやり取りを細かく知らせろとまで言うつもりはないが、少なくとも、従来は公開の法廷で行われてきた争点整理、弁護側主張に対する求釈明などの内容は明らかにすべきだろう。そうでなければ、〝密室裁判〟を行っているとの批判は免れない。

それに、公判前整理手続の内容について、ある程度、メディア側に説明しておくことは、公判が口頭主義の徹底した審理へと変わるときに懸念される不正確な報道を未然に防ぐことにもなる。報道指針を逆手にとって、情報提供をさらに絞るようなことはあってはならない。

第3．弁護士の対応

弁護士の中にも「現時点では、はっきりした被疑者・被告人の態度が分からないから話せない」とか、「公判前整理手続は非公開だから外部へ漏らすわけにはいかない」などと、情報提供に消極的な姿勢を見せる人がかなりいる。これまでは、公判前であってもいろいろ話していた弁護士が消極的になるなど、憂慮される事態が生まれている。改正刑事訴訟法で、開示証拠の目的外使用を処罰する規定が置かれたことも、弁護士らへの〝箝口令〟のような効果をもたらしている。

しかし、開示証拠の中身に触れることなく、被疑者・被告人の主張や弁護方針について随時、情報提供することは可能なはずだ。身柄を拘束されていて、外部に声が届かない被疑者・被告人の主張を代弁するのは、弁護人の職務でもある。依頼者の態度が固まっていなければ仕方がないが、その態度がある程度固まってきた段階になっても情報提供を拒み続けるのはおかしい。裁判所、検察庁と調整し、許される範囲でメディアへの情報提供を工夫してほしい。

第４．裁判所の情報開示

裁判所側も、指針は情報提供をしなくてよいと言っていると、誤解しないでほしい。例えば公判前整理手続の要点程度は、公判が始まる前に、どこかで国民の目に触れるようにするべきであり、そうでないと、裁判公開の原則をうたった憲法の趣旨を生かさないことになる。主宰した裁判官が無理ならば、書記官による概略の説明でもよい。くれぐれも、一切が非公開のままで裁判が始まるなどということがないようにしなければならない。

とかく司法は秘密の殻に閉じこもりがちだ。裁判員制度が始まった後にも、それが続くようでは、国民の不信が募ることになりかねない。司法の情報公開は今後、裁判所にとって大きなテーマに浮上してくる。そのスタートを誤らないようにしてほしい。

第３節　信頼性の確保

第１．市民の目による点検

（1）メディアの役割

裁判員制度が実施された後、メディアの役割は変わってくる。現段階のメディア内部の論議は、例えば新聞・通信の場合、新聞協会の取材・報道指針を受けて、自社のルールをどうするかというレベルに留まっている。「公正な裁判と報道の自由の調和」をどのようにして実現していったらよいのかというところに関心が集まり、その他のことにあまり目がいかない状態にある。メディアの悪い癖で、一つのことを思い込むと、ほかのところが見えなくなる。

メディアが「公正な裁判」を侵害してはならないことは言うまでもないが、裁判員制度下では、もっと積極的かつ意識的に「裁判監視」の役割を担わなければならない。司法が変わっていくかどうかは、監視機能が十全に果たされるかどうかと密接に関係している。期待されたような国民参加の裁判が実際に行われているか、市民がしっかりと監視し、裁判員への不当な圧力があったり、国民参加にふさわしくない審理や評議などが行われたりした場合には、ためらわずに問題提起していかなければならない。公正な裁判を確保するという受け身の思考で裁判員制度のスタートを迎えるのではなく、しっかり監視するのだという意気込みを持っていきたい。

（2）国民の協力

メディアがそのような役割を果たすには、国民の協力が欠かせない。裁判員、補充裁判員に選ばれた国民は、できるだけメディアに協力して、その貴重な経験を社会に伝えるようにしてほしい。

裁判員法では裁判員、補充裁判員に「評議の秘密」を守る義務が課されている。筆者は守秘義務について、その範囲と期間が限定されるべきで、しかも「自分の意見を述べることは認められるべきだ」と主張してきた。裁判の内容を点検し、その経験を後の世代に伝えていくことを重視したからにほかならない。国会審議の過程での政府答弁でも、裁判員、補充裁判員が個人的な感想を述べることは許されるとされている。

感想に留まるだけでも、裁判員、補充裁判員の経験をできるだけ話してほしい。その経験が家族、職場の知人ら、次に経験するかもしれない人に伝わることで、裁判員制度が定着していく。経験の伝達がなければ、この制度の良さも、悪いところも、明らかにならない。

第２．メディアの覚悟

（１）劇的な構造変化

メディアを取り巻く状況は内外ともに厳しいものがある。内には新聞、雑誌の販売部数競争、テレビの視聴率競争があり、最近はインターネットと競合する局面も増えてきた。

新聞の発行部数はじりじりと減少し、テレビ各局の広告収入も落ち込んできている。その結果、営業利益優先の紙面作りや番組が増え、以前だったら社内審査で通らなかった広告なども、収益確保の必要性から紙面に掲載されたり、放送されたりするようになった。「表現の自由」を看板に掲げていながら、むしろ、その自由を乱用しているのではないかとさえ思える記事や番組もある。このような状況では、ジャーナリストの良識に任せることで信頼されてきた「表現の自由」も、社会的に認められなくなってしまうのではないか。

しかも、情報通信技術の発展とインターネットの普及が激しく、誰でも不特定多数の人達にブログなどを通じて情報発信することが可能な時代になった。ジャーナリズムの活動は、新たな構造変化をにらみながら再構築していかなければならない状況を迎えている。従来の取材・報道手法のままでは読者、視聴者に見放されかねず、すまなくなっているのが、現代のジャーナリズムなのだと思う。

山田健太・専修大学准教授は「報道オンブズマンと市民」と題する論文（野中章弘編『ジャーナリズムの可能

性　ジャーナリズムの条件4』〔岩波書店、二〇〇五年〕所収、九三頁以下）で、公的な規制がメディア企業あるいはジャーナリスト個人に対してかけられつつあって「人権を護るはずの法律が人権を蝕む傾向」があると指摘し、「人権擁護法案しかり個人情報保護法や裁判員法しかりである」と言う。「権力からの規制圧力を阻止し、市民からの批判や期待に応えるためには、メディアやジャーナリスト自身が自らを律する姿勢を示す必要がある」という警告には素直に耳を傾けたい。

（2）自民党の取りまとめ案

筆者が求めてきた裁判員裁判の自主ルールは、こうした「自らを律する姿勢」の一つの表現でもある。その表現は、見せ掛けだけのアリバイづくり的なものであってはならないし、苦情を訴えている人達の救済に、実際に役立つものでなければならない。ときには自分の手足を縛ることも厭わない強い覚悟がなければ、見せ掛けの自主ルールなどつくったところで、市民にはすぐ見抜かれてしまう。そうなったら、メディアはもう、生きてはいけないだろう。

新聞協会が作った取材・報道指針が、高度情報化時代に入ったメディアにとって、報道の自由とメディアの信頼性をともに高める新たなモデルづくりの一つの基礎になり得ると信じたい。この指針が他のメディア諸団体にも広がり、それぞれが自主ルールを持つに至れば、そのときは新聞、放送、雑誌、インターネットなど、あらゆるメディアを包含する「報道倫理綱領（仮称）」も視野に入ってくるだろう。

自民党司法制度調査会の「裁判員制度と国民の司法参加のあり方に関する小委員会」が二〇〇七年六月二六日にまとめた「裁判員制度の円滑な実施のために（現状と今後の取組）取りまとめ（案）」は、政府と報道機関の間で報道の在り方について協議機関の設置を求めている。政府と報道機関が協議することは、取材上の混乱を避けるために、ある程度は避けられないことだろうが、常設的な機関を設けるのはいかがなものか。政府、与党の考え方からは、相変わらず、裁判員制度の導入を報道規制の道具に使おうとする意図が透けて見える。

結局はメディア側に、政府、各政党、最高裁などにどれだけ抗していける力量があるのか、にかかっている。臆病になってひざを屈することはないし、黙って叩かれていることもない。自らの内部を固め、主張すべきは主張していく。そういう姿勢を貫くべきであり、そのために重要なのが自主ルールをめぐる論議なのだ。

（３）五つの提案

裁判員法の立案が始まった二〇〇二年当時、有力なメディアが現在見られるような自社のガイドラインを新たに作るとは、想定すらできなかった。この数年で、事件・事故・刑事裁判へのメディアの対応は、格段に改善されたと感じる。

この間、大きな山もあれば谷もあった。〝偏向報道〟の法的規制を政府・与党が見送った二〇〇四年以降、この問題についてはメディア内部で何の議論も聞かれなくなり、それが再度、論議の俎上に上ったのは、実質的には二〇〇七年に入ってからだ。この事実そのものが、その間のメディア側の感覚を雄弁に物語っている。メディアは法的規制を免れたことに安心し、犯罪報道の実名・匿名をめぐる論議に関心を移してしまった。そのことは、各社の編集局長クラスで組織する新聞協会編集委員会が内部的な議論をまとめ、二〇〇六年に小冊子『実名と報道』（日本新聞協会編集委員会）として刊行した事実からも見て取れる。

もちろん、犯罪報道の警察発表が実名で行われるかどうかなどが、メディアにとって極めて重要なテーマであることは疑いがない。個人情報保護法を理由に警察や行政機関による、根拠なき匿名発表が、今やもう座視できないところまできているのも事実だ。しかし、匿名問題は約二〇年前から議論が続いており、最初からある程度、結論が見えていたテーマであり、それをまとめるのに費やされた約二年もの長い時間は、筆者には〝空白の二年間〟であったとしか思えない。メディアが、この時期に真剣に対処しなければならなかった最大の問題は、匿名問題よりも、事件・事故・刑事裁判をめぐる従来の報道の見直しだったのだ。

メディア側が「公正な裁判」を実現するガイドラインを作るかどうかは二〇〇六年一二月、最高裁事務総局と日弁連から新聞協会へ非公式に問い合わせがあって表面化した。「新聞協会は自主ルールの制定を司法制度改革推進本部への提出文書で約束したはずではなかったか」という趣旨の質問だったが、その時点で裁判員制度のガイドラインを検討していた社は、残念ながら皆無だった。〝のど元過ぎれば熱さ忘れる〟であって、新聞協会はじめメディア諸団体も、この話はもう終わったこととして、全く念頭になかった。このまま自主ルール作成を放置していれば法的規制論議が再燃しかねないことにメディア側はようやく、この時、気が付いた。

メディアがその後二年足らずの間に、ここまで内容を練り上げ、曲がりなりにも実施するに至ったこと自体、驚異的な出来事だったといってよい。もっと早い時期から取り組んでさえいたならば、さらに充実した中身のものが作れたかもしれず、その意味では少し残念な気がしないでもない。しかし、筆者としては、裁判員制度・刑事検討会へ意見書を提出した時の、まるで砂漠に水をまくような心境とはやや違い、検討会のヒアリング経験などを経てメディア内部にはかなり論議の下地ができているという安心感があった。

こうして二年余の時間をかけ、ようやく自社ガイドラインの実施にまで到達できた現状には感慨深いものがある。ただ、この状態に安住してしまうことだけは繰り返してほしくはないという思いにも駆られる。

マス・メディアの将来を考えた時、裁判員制度の下で市民のために行うべき事件・事故・刑事裁判の報道を今後も検討していく必要がある。さらに心掛けてほしい五つの提案をしておきたい。

① ニュース・ソースの明示

地方新聞社の意見を聴いていると、ニュース・ソース（情報源）の明示に対する抵抗感が極めて強いことがよく分かる。共同通信社のガイドラインをめぐる討議では「調べによると」という、どこの調べか分からない書き方はやめるという提案に、かなり強い反対があった。「従来の書き方でよいではないか」という意見や、「ニュース・ソースを書いたりしたら取材相手が話をしなくなってしまう」という意見が主なものだったが、メディアとしては、もっとニュース・ソースの明示にこだわるべきだと考える。

ネット社会が進行し、量も質もまちまちな情報があふれる時代にあっては、新聞やテレビの報道であっても、ニュース・ソースが分からなければ信用されなくなるだろう。例えば政治家の贈収賄疑惑が浮上したとしたら、「検察当局によると」とか「警察本部によると」などという捜査関係筋の情報なのか、それとも「首相官邸関係者によると」とか「○○党関係者によると」とかいう政界筋の情報なのか、などが読者・視聴者に分からないと、記事をどの程度信用して良いのかどうかの判断ができない。その説明を拒むようでは、メディアは信頼を失い、やがて相手にされなくなるだろう。マス・メディアの看板さえ掲げていれば信用されるという思い込みは、もはや幻想にしか過ぎない。

もちろん、ニュース・ソースを断固として守ることなしに、報道は成り立たない。明示といっても、おのずから限界があることは言うまでもないことだが、そこはいろいろと書き方を工夫し、事例を積み重ねていけばよい。信頼を勝ち得る唯一の道は、情報を隠すことではなく、情報を開示することだという基本的な理念は、メディアであっても例外ではない。現代社会で問われるのは、何よりも情報の質であることを、メディアはもっと理解すべきであって、それには、ニュース・ソースの明示を避けていてはいけない。

② 時間の推移に伴う重点の移行

被疑者が逮捕されてから起訴などの処分が決まるまで最大二三日間もの長時間にわたる取調べが行われる現行法制度がある以上、報道の在り方もそれを前提として制約されざるを得ない。事件・事故の発生直後に大量の報道が行われてきたのは、それを許し、必然とする「捜査の構造」があるからだ。大事件であればあるほど、マス・メディアとしては約三週間にも及ぶ捜査の推移を報道しないわけにはいかない。

どのような事件なのか、被疑者はどのような人物なのか、何が理由で事件が起きたのか、などの情報に対する世間の関心は強いから、それに応えようと、捜査段階でさまざまな報道が飛び交うことも認めざるを得ない。ただ、その場合でも、犯人と決め付けた報道は決してしないこと、捜査側の情報だけを垂れ流しにはしないこと、被疑者側の主張も織り込んだ「対等報道」を心掛けることなどの配慮をしていくのは当然だ。

事件・事故の報道と言っても、時間の推移に伴って、報道すべき事柄の重点が移行していかなければならない。逮捕直後には、市民の要望に応える意味で許容される報道でも、裁判所で公判が始まったら許されるか疑問を覚える内容のものが多々ある。メディアの議論は、時間の推移を無視して行われるきらいがあるが、それでは的確な結論は得られないだろう。捜査から公判、判決に至る刑事手続の流れを追いながら、各段階での適正な報道の姿を考えていかなければならない。

被疑者の起訴後は、刑事裁判に及ぼす報道の影響が格段に大きくなる。起訴以降の報道では、被告人の人権を保護し、公正な裁判を実現していく要請が強く働く。特に、裁判員が加わった状況の下では、公判廷で出された証拠物・証言に基づかない報道や、反証にさらされていない、いわゆる〝伝聞〟による報道には、格別の注意を払う必要がある。

③　裁判員裁判の対象事件とその他の事件の区別

裁判員裁判の対象になる殺人などの重大事件と、その他の比較的軽微な事件では、報道の在り方を区別することを考えるべきではないか。軽微な事件は概して報道の必要性が乏しいが、それでも、報道された場合には、社会的に過重な制裁を加えることになるおそれがあることに注意が必要だ。家族の就職に影響するなど、予想もしなかった結果を招いてしまうこともある。ページの余白を埋めるだけのような小さな一段扱いの、いわゆる「ベタ記事」でも、本人や周辺の人たちに致命的なダメージを与えることがあり、内容の検討を怠ってはならない（上前淳一郎『支店長はなぜ死んだか』［文芸春秋、一九七七年］など参照）。軽微な事件の報道は記事化を見送り、あるいは、書くときは思い切って匿名報道を原則とするところまで踏み込むことをルール化してもいいのではないか。

特に影響が大きいのは、裁判員裁判の対象事件だ。これらの重大事件では、報道の内容が裁判官、裁判員に予断を与えるおそれは極めて大きく、特別な配慮が必要になる。法曹関係者の中には「裁判官はプロだから、報道があっても、それには左右されないだけの訓練を積んでおり、影響は排除できる」と言う人がいるが、その楽観ぶりには、あ然とするしかない。裁判官も人の子なのだということを忘れている。繰り返しになるが、特に裁判員裁判の場合、次の三種類の報道類型は、原則として起訴から一審判決までは報道を差し控えることが望ましい。

a．被告人の前科・前歴について報じること

b．被告人が自白したという情報や自白の内容を伝えること

c．事件の評価に関する有識者のコメント、論評を紹介すること

ただし、判決が出た後は、これらの報道を慎重な配慮の下で行ってもいいだろうし、起訴から判決までの間で

も、確実な証拠に基づく重大な事実であって判決に及ぼす影響が大きいと考えられる場合は、そのメディアが自らの責任で報道に踏み切ることまでをも駄目だと言っているわけでもない。これら三類型の報道は、新聞協会が公表した「裁判員制度開始にあたっての取材・報道指針」で「十分配慮する」などとされており、指針が徹底されていけば、それでも良いだろうという気はしている。しかし、できればもう一歩進めて、「しない」というところまで合意づくりを目指したい。

④　人権への配慮

被疑者・被告人の人権保障の面で配慮が求められる報道類型は、ほかにも数多い。慎重な報道が求められるのは、被疑者・被告人のプロフィル、家族構成、生育環境のほか、犯罪被害者の状況などがある。とかく興味本位の記事になりがちだが、あとで名誉棄損の問題などが起きないよう、配慮を尽くしたい。

捜査関係の記事で、敬称のように「容疑者」をつけてあっても、内容が犯人視したものであっては意味がない。人権面への配慮は記事の形式とか、書き方とは別の問題だ。容疑者呼称の報道でも、記事の構成が全体として犯人だと決め付けた印象を与えるのならば、それは適切とは言えない。また、記事が適切であっても、写真が凶悪な人相だったり、手錠付きであったりすれば、全体として犯人だといっているのに等しくなる。同じことは起訴原稿にも言え、「起訴状では、○○した、としている」と書こうと、犯人視報道という非難を浴びる可能性が消えるわけではない。

テレビの報道は映像のインパクトが強い。アナウンスに注意しても、映像の編集によっては問題が起きるかもしれない。識者インタビューの内容や、映像とともに流す字幕スーパーなども関係してくる。報道番組にしても、全体の構成、視聴者へ与える印象に注意しなければならないだろう。

⑤　ガイドラインの深化

現段階では、メディア各社がそれぞれ自社のガイドラインを作ることが先決だ。新聞、放送、雑誌を含め、あらゆる社が少なくとも新聞協会の「裁判員制度開始にあたっての取材・報道指針」に足並みを揃えてほしい。メディア内部の議論状況から見ると、それすらも遠い彼方の蜃気楼のようにしか見えないが、これからの社会では、ガイドラインを持たない社は報道機関として存続していけないということを強く自覚してほしい。

とりあえずガイドラインをまとめた社には、そこでとどまっていてはならないと言っておきたい。さらに深化させることこそが重要であり、困難な課題の克服を目指し、取り組みをなお一層強化していってほしい。

これら五つの提案の根底にあるのは、「受け手である市民や裁判員になる人たちのためになってこその報道」という考え方だ。これまでは、激しい取材合戦の中で、ともすると被疑者、被告人や犯罪被害者を置き去りにしたまま、報道機関の特ダネ合戦のための報道という側面も見られたが、これからは、一歩踏みとどまって考える報道にも心掛けていきたい。

3．真相解明幻想

前記のような主張に対しては、自分の手足を縛ったのでは、事件の真相に迫る報道ができなくなるという反発が予想される。しかし、事件の真相が、そう簡単に分かるものだろうか。検察官にとっても真相解明は簡単ではない。政界汚職の国会答弁で「巨悪の剔抉（てっけつ）」という名言を残した伊藤栄樹・元検事総長は「検察といえどもオールマイティーではない」（伊藤栄樹『秋霜烈日』［朝日新聞社、一九八八年］一五八頁）と「検察の限界」を記している。伊藤元検事総長に言わせれば、まず、検察には法律による限界があり、法的権限という「武器なしで戦うことはできない」。どれだけ汚職事件を摘発したくても「法律をこしらえる国会を構成する人たち自身が処罰される機会を増やすことになるだけに、なかなか実現しにくい」と皮肉っている。もうひとつは「検察には、力の限界がある」ことだ。処理しなければならない事件は多いのに、全国の検察官は数も限られ、「兵力的に対処しうる限界がある」と言うのだ。

メディアも〝真相解明幻想〟から、そろそろ卒業したらどうだろう。刑事事件の捜査、裁判は刑事訴訟のルールに従い、その限りで被疑者、被告人の犯行を立証する手続にすぎない。ロッキード裁判を見れば分かるように、真相なるものが犯行動機などの立証に関係する事実であれば明らかにされるだろうが、時効になっていたり、職務権限がなかったりすれば難しい。立証に関係なければ、そもそも法廷で明らかにされるはずがない。

刑事裁判には、もともと限界がある。捜査当局による真相解明に期待しすぎると、かえって検察主導の司法を容認することになりかねない。裁判官の訴訟指揮による真相解明を期待するのも、被告人の起訴事実の有無を判断するという刑事訴訟本来の趣旨から少し外れることだ。

真相解明は刑事事件の法廷とは別の場で行うことを考える方が大事なのではないか。政治家の贈収賄事件であれば、いつも東京地検特別捜査部の出番だというのではなく、国会や地方議会自身による解明ができなくては民主国家とは言えない。メディアが自らの調査報道によっては真相に肉薄できないというかのような言い方が聞かれるのも悲しい。捜査に頼る取材・報道の姿がメディアのひ弱さを招いてはいないか。

警察、検察など司法当局の手を借りて何事も実行しようというのは、どこか筋違いのきらいがある。その上、裁判員制度の導入によって、刑事司法そのものが大胆な変貌を遂げてきていて、今後は今までのような報道はできないかもしれない。従来の、何でも証拠調べをして判断する審理から、争点中心の重点的な審理へと変わっていくと、起訴事実の証明に関係ない背景事情などは法廷で取り上げられることもなくなる。土俵違いの期待を持つことが、いつまでも可能だとは限らない。

第３．いくつかの構想

（１）委員会構想

筆者は自主ルール私案で、新聞協会が、外部の有識者からなる「裁判員制度の運営に関する委員会」（仮称）を設置する構想を提案した。この委員会が重大な違反を認定したときは、当該社に是正を勧告するなどの裁定を行うという仕組みで、一種の担保措置ともいえる。せっかく自主ルールを作っても「それに違反する行為があったらどうするのか」という質問が飛んでくるのが目に見えるからだ。

委員会構想には反対の空気が新聞各社には強いが、日弁連をはじめとする法曹界やメディア関係者の一部からは賛意も表明された。このような委員会の創設には予算、人員、時間などを要し、簡単にはできないことは分かりきっている。しかし、その難しさを克服して取り組んでいく価値はあると思う。

（２）報道評議会

現段階ではほとんど可能性はない「プレス・カウンシル（報道評議会）」の構想も真剣に検討したい。報道評議会はスウェーデンで一九六〇年代に生まれた。政府が新聞の報道姿勢を問題視し、世界で初めて出版の自由を保障した「出版の自由に関する法律」（一七六六年制定）の改正を意図したとき、ジャーナリストらが、自主倫理の確立によって一般市民を保護するとともに、言論に対する国家の干渉を避けるための組織として報道評議会を考えだした。メディア自身が報道・取材に関する市民の苦情を受け付け、それを審査して、一定の裁定を行う機関だ。オーストラリア、イギリス、アメリカ・ミネソタ州、ドイツなどでも設けられている。

日弁連人権擁護委員会編『人権と報道』は「報道評議会の設立は、必要であり、また緊急性が存在している。報道被害者の立場から、簡易迅速な救済は是非とも必要であるし、さらに、訴訟とは別の簡易な救済手続きが存在することは、救済を充実できるといえる。さらに報道機関の立場から、権力の介入を防ぎ、報道の自由を守るためにも必要である」（同書二八七頁）と述べている。裁判員制度の実施により、従来にも増して、高い報道倫理の実践を求める声が強くなるのではないかと感じさせられる。

スウェーデンのように、欧米の多くの新聞社では社ごとに「オンブズマン」を置くことが多いが、各社が外部の学者、弁護士、ジャーナリストらを招き、その社の編集方針や自主ルールなどに従って、取材・報道のチェックを受けるオンブズマン構想は有力だ。オンブズマンに当たるのは、特定の個人であっても、あるいは外部委員会方式であってもいいのかもしれない。

筆者も拙稿「裁判員制度と報道の在り方」（堀部政男・石井光・酒井安行・新倉修・保倉和彦編『刑事司法への市民参加』［現代人文社、二〇〇四年］所収、七三頁以下）で、「夢物語のような将来構想」として「報道評議会」構想を述べた。将来は新聞、放送、出版などが協力して、このような組織が立ち上げられることがあるかもしれない。現在のように、各分野のメディアがそれぞれの媒体の特性にこだわって利害を主張するのでは、メディアの未来に展望はないのではないかと感じる。

第4．メディアの将来像

(1) シンク・タンク的機能

情報が氾濫する時代にあってメディアが報道機関として展望を開くのは容易ではない。このまま、自らは何の努力もせず、呑気に「報道の自由」を叫んでいたりしたら、恐らく社会から厳しいしっぺ返しを受けるだろう。メディアが生き残る道は二つしかないのではないかとすら思える。

一つは、オピニオン・リーダーであり続けるための信頼性の確保だ。メディアもある程度の専門性を発揮できなければ、遠からずして見限られるのは間違いない。共同通信の社内では時折、話していることだが、メディアもこれからはシンク・タンク的な機能を高めるべきだと思う。各社がシンク・タンクを設けてもおかしくはないし、それができなければ、編集主幹あるいは少なくとも編集局長か報道局長の下に、専門分野に精通した数人の記者集団を置くべきだ。その集団は日常的な生ニュース処理からは離れ、社会の在るべき姿を具体的に記事で描いていくようなことをしていけば、これからも有用な存在と認めてもらえることだろう。

そのような人々を社内で養成できれば、それに越したことはない。しかし、それができなければ、外部からジャーナリスティックなセンスを持っている適任者をスカウトしてきたらよい。それくらいのことをしてでも報道の質を高めなければ、もはや報道機関だと言っても、それだけでは通用しなくなる。

（２）社内的オンブズマン

もう一つは、社内的なコンプライアンスにもっと意を用いることだ。ＮＨＫで起きたように、放送前の記事の見出しを見て、記者が株のインサイダー取引をするようなことは、プロが目を光らせていれば起きにくいのではないか。海外の報道機関ではかなり以前から行われている「社内オンブズマン」のように、弁護士に委嘱し、あるいは報道機関から転職して弁護士になった人らに編集局の中央にいてもらい、日々流れて行くニュースが名誉棄損や、欧米でいえば法廷侮辱に当たらないか、常にチェックしていくくらいのことはしてもよい。

裁判員制度の実施が近づく状況下、各社が報道の在り方をあらためて問い直した意味は大きい。目に見える具体的な成果は、新聞協会の指針などわずかしかないが、約二年間にわたって議論をして、素地はできてきたと考える。報道の仕事にとって大事なのは文書をまとめることではなく、皆がいろいろなことを考え、ブレイン・ストーミングをしていくことだ。生の事件は生き物であり、みなそれぞれ顔が違う。同じような事件に見えても、前と同じ記事を書いていては、その現象を捕まえることなどできない。その時に生きてくるのが、議論してきた内容だ。分厚い蓄積があってこそ、適切で深みのある報道ができるのであって、議論してきたという事実そのものが、大変な重みを持っている。

この間の議論は報道の土壌づくりに効果があった。右から左まで、極めて多様な意見が飛び交う中、ともかくも、一定の合意がまとまった。裁判員制度のスタートを前に、メディアは最低限果たすべき責任は果たしたと言ってもらえるのではないか。

問題はこれからだ。裁判員制度が現実に、どのような形で動いていくのか。メディアは、その動向をしっかりと見詰めなければならない。まずいところがあれば、それは正確に報道し、批判を加えていく必要がある。指針やガイドラインは、そうした作業の手を縛るものでは決してない。

おわりに

二〇〇四年八月、「国民の司法参加と報道の自由」をテーマに本を書いてほしいと、ある出版社から依頼された。その時は、裁判員制度に関連する一連の法律が国会で成立した直後であり、制度づくりの論議にやや疲れを覚えていたことや、広汎な知識と膨大な時間を要する作業に気後れしたことも加わって、お断りした。しかし、この問題の重要性は、その後、一層ひしひしと感じるようになった。幸いなことに一九九八年、メディア各社で構成される「マスコミ倫理懇談会」に共同通信社からの派遣メンバーとして登録されるとともに、その中に設けられている「メディアと公共性研究会」(現在の「メディアと法研究会」の前身)に研究員として参加し、報道関係の判例研究をはじめ、メディアが抱える法的な諸問題について毎月、勉強の機会を持つことができた。司法改革が大きく動くことで、海外の陪審制度、参審制度について企画記事を書く機会にも恵まれ、その際に海外メディアの取材もした。

本書の構想は、そうした過程の中で自然に発酵してきた。二〇〇六年一二月、最高裁と日弁連から「裁判員制度の実施に伴ってメディアが自主ルールを作るはずではなかったか」と問い合わせを受けて以来、新聞協会や民放連に呼ばれるなどして、問題の経緯を説明する機会が増えた。そこで痛感したのは、この間の論議を含め、法的規制論議のポイントをきちんと整理し、書き残しておく必要があるということだった。

本書の姉妹編『裁判制度が始まる』を二〇〇八年六月、花伝社から出版するに当たり、その中の一章として掲載するつもりで、本書の基となった原稿を用意したが、編集上の判断により、このテーマは収録が見送られた。

二〇〇九年一月、『裁判制度が始まる』PART2として『裁判員制度と国民』（花伝社）を刊行したときも、このテーマは見送り、別にPART3として出版することに決まった。この間、状況がかなり動き、用意した原稿を大幅に手直しせざるを得なくなったが、本書のためにはかえって幸運だった面がある。出版を見送っているうちに、新聞協会が「裁判員制度開始にあたっての取材・報道指針」を公表し、また、それを踏まえた各社のガイドライン作りも進んで、記事作成の見直しが相次いで実行に移されたからだ。その過程の議論を紹介でき、本書は内容的に厚みを加えることができた。

議論の焦点となった、「公正な裁判の実現」と「報道の自由」の問題は、微妙なバランスの下にあり、実際に裁判員制度が始まれば、事件・事故・裁判の報道の在り方は、再び新たな議論を呼ぶことになるかもしれない。本書で若干の提案を行った報道の方向性は、もとより筆者の個人的な見解であって、共同通信社などとは関係がない。それでも、この問題について今後、マス・メディア関係者や法曹関係者が検討する際には、一つの考え方として参考にしていただけるのではないかと思う。

筆者は法律家ではないことから、法的な問題の記述に誤りがないよう現職の裁判官、検察官、弁護士にも原稿チェックに協力していただいた。気付かずにいた貴重な指摘が多くあり、そのご厚情には感謝の言葉もない。多くの法律家や報道関係の方々のご協力を得たからこそ、本書をともかくも、このような形にまとめることができた。いろいろと配慮してくださった花伝社の平田勝社長、編集担当の佐藤恭介氏をはじめ、関係の方々に深くお礼申し上げる。

資料編

- 新聞倫理綱領——日本新聞協会
- 裁判員制度開始にあたっての取材・報道指針——日本新聞協会
- 「裁判員となるみなさんへ」——日本新聞協会
- 放送倫理基本綱領——日本民間放送連盟・日本放送協会
- 裁判員制度下における事件報道について——日本民間放送連盟
- 雑誌編集倫理綱領——日本雑誌協会

新聞倫理綱領

日本新聞協会　二〇〇〇年六月二一日制定

二一世紀を迎え、日本新聞協会の加盟社はあらためて新聞の使命を認識し、豊かで平和な未来のために力を尽くすことを誓い、新しい倫理綱領を定める。

国民の「知る権利」は民主主義社会をささえる普遍の原理である。この権利は、言論・表現の自由のもと、高い倫理意識を備え、あらゆる権力から独立したメディアが存在して初めて保障される。新聞はそれにもっともふさわしい担い手であり続けたい。

おびただしい量の情報が飛びかう社会では、なにが真実か、どれを選ぶべきか、的確で迅速な判断が強く求められている。新聞の責務は、正確で公正な記事と責任ある論評によってこうした要望にこたえ、公共的、文化的使命を果たすことである。

編集、制作、広告、販売などすべての新聞人は、その責務をまっとうするため、また読者との信頼関係をゆるぎないものにするため、言論・表現の自由を守り抜くと同時に、自らを厳しく律し、品格を重んじなければならない。

自由と責任　表現の自由は人間の基本的権利であり、新聞は報道・論評の完全な自由を有する。それだけに行使にあたっては重い責任を自覚し、公共の利益を害することのないよう、十分に配慮しなければならない。

正確と公正　新聞は歴史の記録者であり、記者の任務は真実の追究である。報道は正確かつ公正でなければならず、記者個人の立場や信条に左右されてはならない。論評は世におもねらず、所信を貫くべきである。

独立と寛容　新聞は公正な言論のために独立を確保する。あらゆる勢力からの干渉を排するとともに、利用されないよう自戒しなければならない。他方、新聞は、自らと異なる意見であっても、正確・公正で責任ある言論には、すすんで紙面を提供する。

人権の尊重　新聞は人間の尊厳に最高の敬意を払い、個人の名誉を重んじプライバシーに配慮する。報道を誤ったときはすみやかに訂正し、正当な理由もなく相手の名誉を傷つけたと判断したときは、反論の機会を提供するなど、適切な措置を講じる。

品格と節度　公共的、文化的使命を果たすべき新聞は、いつでも、どこでも、だれもが、等しく読めるものでなければならない。記事、広告とも表現には品格を保つことが必要である。また、販売にあたっては節度と良識をもって人びとと接すべきである。

裁判員制度開始にあたっての取材・報道指針

日本新聞協会　二〇〇八年一月一六日

重大な刑事裁判の審理に国民が参加する裁判員制度が二〇〇九年五月までに実施される。刑事司法の大きな転換期にあたり、日本新聞協会は、同制度下における取材・報道に関する指針をまとめた。我々は、本指針を踏まえて、公正な裁判と報道の自由の調和を図り、国民の知る権利に応えていく。

裁判員法の骨格を固める段階から、裁判の公正を妨げる行為を禁止する必要があるとして、事件に関する報道を規制するべきだという議論があった。これに対し我々は、そのような措置は表現・報道の自由を侵害し、民主主義社会の発展に逆行するもので到底認めることはできないと主張してきた。

刑事司法の目的のひとつは事案の真相を明らかにすることにあり、この点において事件報道が目指すところと一致する。しかしながら、事件報道の目的・意義はそれにとどまるものではない。事件報道には、犯罪の背景を掘り下げ、社会の不安を解消したり危険情報を社会ですみやかに共有して再発防止策を探ったりすることと併せ、捜査当局や裁判手続きをチェックするという使命がある。被疑事実に関する認否、供述等によって明らかになる事件の経緯や動機、被疑者のプロフィル、識者の分析などは、こうした事件報道の目的を果たすうえで重要な要素を成している。

一方で、被疑者を犯人と決め付けるような報道は、将来の裁判員である国民に過度の予断を与える恐れがあるとの指摘もある。これまでも我々は、被疑者の権利を不当に侵害しない等の観点から、いわゆる犯人視報道をしないように心掛けてきたが、裁判員制度が始まるのを機に、改めて取材・報道の在り方について協議を重ね、以下の事項を確認した。

▽捜査段階の供述の報道にあたっては、供述とは、多くの場合、その一部が捜査当局や弁護士等を通じて間接的に伝えられ

るものであり、情報提供者の立場によって力点の置き方やニュアンスが異なること、時を追って変遷する例があることなどを念頭に、内容のすべてがそのまま真実であるとの印象を読者・視聴者に与えることのないよう記事の書き方等に十分配慮する。

▽被疑者の対人関係や成育歴等のプロフィルは、当該事件の本質や背景を理解するうえで必要な範囲内で報じる。前科・前歴については、これまで同様、慎重に取り扱う。

▽事件に関する識者のコメントや分析は、被疑者が犯人であるとの印象を読者・視聴者に植え付けることのないよう十分留意する。

また、裁判員法には、裁判員等の個人情報の保護や、裁判員等に対する接触の規制、裁判員等の守秘義務などが定められている。我々は、裁判員等の職務の公正さや職務に対する信頼を確保しようという立法の趣旨を踏まえた対応をとる。

改めて言うまでもなく、公正な裁判はメディア側の取り組みのみによって保障されるものではない。裁判員等の選任手続き、裁判官による裁判員等への説示、検察官および弁護人の法廷活動、そして評議の場において、それぞれ適切な措置がとられることが何よりも肝要である。

加盟各社は、本指針を念頭に、それぞれの判断と責任において必要な努力をしていく。

「裁判員となるみなさんへ」

日本新聞協会　二〇〇九年三月二六日

重大な刑事裁判の審理に国民が裁判員として参加し、裁判官と一緒に有罪無罪を判断し、有罪の場合には量刑も決める裁判員制度が今年五月二一日から実施されます。日本新聞協会は、裁判員制度が始まるにあたって、裁判員を経験されたみなさんに判決後、記者会見による取材に協力していただけるようお願いします。

裁判員制度は、国民の健全な社会常識を刑事裁判に反映させることによって、司法に対する理解を深めるとともに、司法への信頼をより向上させることを目的に導入されるものです。

裁判員経験者が、その職務を果たして感じたこと、考えたことを率直に語り、社会全体で情報を共有することは「国民の司法参加」という制度導入の理念を定着させるうえで極めて重要です。また、裁判員経験者に対する取材・報道は、新たな制度による司法権の行使が適切になされているかどうかを検証するうえでも不可欠です。判決後、取材への協力を求めるのはそうした理由によるものです。

裁判員法には、裁判員の公正さや職務に対する信頼を確保するため、裁判員の個人情報や評議の秘密等については守秘義務が定められています。

取材・報道にあたっては、この立法趣旨と裁判員経験者の意向を踏まえ、国民の知る権利に資する報道機関としての使命を果たしていきます。

放送倫理基本綱領

日本民間放送連盟・日本放送協会　一九九六年九月一九日制定

日本民間放送連盟と日本放送協会は、各放送局の放送基準の根本にある理念を確認し、放送に期待されている使命を達成する決意を新たにするために、この放送倫理基本綱領を定めた。

放送は、その活動を通じて、福祉の増進、文化の向上、教育・教養の進展、産業・経済の繁栄に役立ち、平和な社会の実現に寄与することを使命とする。

放送は、民主主義の精神にのっとり、放送の公共性を重んじ、法と秩序を守り、基本的人権を尊重し、国民の知る権利に応えて、言論・表現の自由を守る。

放送は、いまや国民にとって最も身近なメディアであり、その社会的影響力はきわめて大きい。われわれは、このことを自覚し、放送が国民生活、とりわけ児童・青少年および家庭に与える影響を考慮して、新しい世代の育成に貢献するとともに、社会生活に役立つ情報と健全な娯楽を提供し、国民の生活を豊かにするようにつとめる。

放送は、意見の分かれている問題については、できる限り多くの角度から論点を明らかにし、公正を保持しなければならない。

放送は、適正な言葉と映像を用いると同時に、品位ある表現を心掛けるようつとめる。また、万一、誤った表現があった場合、過ちをあらためることを恐れてはならない。

報道は、事実を客観的かつ正確、公平に伝え、真実に迫るために最善の努力を傾けなければならない。放送人は、放送に対する視聴者・国民の信頼を得るために、何者にも侵されない自主的・自律的な姿勢を堅持し、取材・制作の過程を適正に保つことにつとめる。

さらに、民間放送の場合は、その経営基盤を支える広告の内容が、真実を伝え、視聴者に役立つものであるように細心の注意をはらうことも、民間放送の視聴者に対する重要な責務である。

放送に携わるすべての人々が、この放送倫理基本綱領を尊重し、遵守することによってはじめて、放送は、その使命を達成するとともに、視聴者・国民に信頼され、かつ愛されることになると確信する。

裁判員制度下における事件報道について

日本民間放送連盟　二〇〇八年一月一七日

一般の国民が刑事裁判に参加し、裁判官と協働して審理を行う裁判員制度の実施にあたり、日本民間放送連盟は、公正で開かれた裁判の実現という観点から、あらためて事件報道のあり方について議論し、以下の考え方をまとめた。

民放連は一九九七年、日常の取材・報道活動の道標として「報道指針」を策定し、不断の努力を続けている。また、放送界の第三者機関・BPO（放送倫理・番組向上機構）の設置や、集団的過熱取材問題への対応など、自主自律機能の強化を図っている。

裁判員制度の実施にあたっても、こうした基本姿勢は変わるものではない。今回の議論を踏まえ、われわれの社会的責任を再確認することによって、「知る権利」に応える事件報道と、適正な刑事手続の保障との調和が図られると考える。

（1）事件報道にあたっては、被疑者・被告人の主張に耳を傾ける。

（2）一方的に社会的制裁を加えるような報道は避ける。

（3）事件の本質や背景を理解するうえで欠かせないと判断される情報を報じる際は、当事者の名誉・プライバシーを尊重する。

（4）多様な意見を考慮し、多角的な報道を心掛ける。

（5）予断を排し、その時々の事実をありのまま伝え、情報源秘匿の原則に反しない範囲で、情報の発信元を明らかにする。また、未確認の情報はその旨を明示する。

（6）裁判員については、裁判員法の趣旨を踏まえて取材・報道にあたる。検討すべき課題が生じた場合は裁判所と十分に協議する。
（7）国民が刑事裁判への理解を深めるために、刑事手続の原則について報道することに努める。
（8）公正で開かれた裁判であるかどうかの視点を常に意識し、取材・報道にあたる。

国民が参加する裁判員制度の下では、事件の真相解明とともに、司法判断に至る過程や理由が、裁判員が選ばれる母体である社会全体で共有されることが求められる。

こうした中、報道機関は、事件の背景や原因に迫り、伝えていく重い役割を担っていると考える。われわれは、社会が事件を直視し、社会が一体となって再発の防止を考える手がかりを提供することによって、視聴者・聴取者の期待に応えなければならない。

われわれ報道機関は、公共的使命と責任をいまあらためて自覚し、これからも幅広い観点から事件報道にあたることを、ここに確認する。

雑誌編集倫理綱領

日本雑誌協会　一九六三年一〇月一六日制定
一九九七年六月一八日改定

文化の向上と社会の発展に寄与すべき雑誌の使命は重大であり、国家、社会、及び基本的人権に及ぼす影響も大である。この社会的責任により、雑誌は高い倫理水準を保たなければならない。

われわれ雑誌編集者は、その自覚に基づいて次の指標を掲げ、自ら戒めてその実践に努め、編集倫理の向上を図るものとする。

1．言論・報道の自由

雑誌編集者は、完全な言論の自由、表現の自由を有する。この自由は、われわれの基本的権利として強く擁護されなければならない。

2．人権と名誉の尊重

個人及び団体の名誉は、他の基本的人権とひとしく尊重され擁護されるべきものである。

(1) 真実を正確に伝え、記事に採り上げられた人の名誉やプライバシーをみだりに損なうような内容であってはならない。

(2) 社会的弱者については十分な配慮を必要とする。

(3) 人種・民族・宗教等に関する偏見や、門地・出自・性・職業・疾患等に関する差別を、温存・助長するような表現はあってはならない。

3．法の尊重

憲法及び正当に制定された法は尊重されなければならない。
(1) 法及びその執行に対する批判は自由に行われる。
(2) 未成年者の扱いは十分慎重でなければならない。
(3) 記事の作成に当たっては、著作権等に関する諸権利を尊重する。

4. 社会風俗

社会の秩序や道徳を尊重するとともに、暴力の賛美を否定する。
(1) 児童の権利に関する条約の精神に則り、青少年の健全な育成に役立つ配慮がなされなければならない。
(2) 性に関する記事・写真・絵画等は、その表現と方法に十分配慮する。
(3) 殺人・暴力など残虐行為の誇大な表現はつつしまなければならない。
また、犯罪・事故報道における被疑者や被害者の扱いには十分注意する。

5. 品位

雑誌は、その文化的使命のゆえに高い品位を必要とする。雑誌編集者は、真に言論・報道の自由に値する品位の向上に努める義務のあることを確認する。

主な参考文献

▽メディア法関係

伊藤正己『プライバシーの権利』（岩波書店、一九六三年）

清水英夫『法とマス・コミュニケーション』（社会思想社、一九七〇年）

ジュリスト五〇七号『特集　知る権利と報道の自由』（有斐閣、一九七二年）

清水英夫編『法学文献選集第九巻　法と表現の自由』（学陽書房、一九七二年）

新聞編集関係法制研究会編『法と新聞』（日本新聞協会、一九七二年）

千葉雄次郎『知る権利』（東京大学出版会、一九七二年）

日本弁護士連合会編『人権と報道』（日本評論社、一九七六年）

堀部政男『アクセス権とは何か』（岩波新書、一九七八年）

堀部政男『現代のプライバシー』（岩波新書、一九八〇年）

清水英夫編『情報公開と知る権利』（三省堂、一九八〇年）

法学セミナー増刊『資料集　人権と犯罪報道』（日本評論社、一九八六年）

堀部政男『プライバシーと高度情報化社会』（岩波新書、一九八八年）

法学セミナー増刊『人権と報道を考える』（日本評論社、一九八八年）

日本新聞協会研究所『新・法と新聞』（日本新聞協会、一九九〇年）

清水英夫『マスコミの倫理学』（三省堂、一九九〇年）

五十嵐二葉『犯罪報道』（岩波ブックレット、一九九一年）

田島泰彦、右崎正博、服部孝章編『現代メディアと法』（三省堂、一九九八年）

日本弁護士連合会人権擁護委員会編『人権と報道』（明石書店、二〇〇〇年）
原寿雄、田島泰彦編『報道の自由と人権救済』（明石書店、二〇〇一年）
山田健太『法とジャーナリズム』（学陽書房、二〇〇四年）
松井茂記『マス・メディアの表現の自由』（日本評論社、二〇〇五年）
梓澤和幸『報道被害』（岩波新書、二〇〇七年）
渕野貴生『適正な刑事手続の保障とマスメディア』（現代人文社、二〇〇七年）

▽ジャーナリズム関係
日本新聞協会『新聞編集の基準　第六版』（日本新聞協会、一九七一年）
江藤文夫、鶴見俊輔、山本明編『講座・コミュニケーション五　事件と報道』（有斐閣、一九七二年）
今井幸彦『通信社』（中公新書、一九七三年）
日本新聞協会『取材と報道　新聞編集の基準』（日本新聞協会、一九八〇年）
読売新聞社『書かれる立場　書く立場――読売新聞の「報道と人権」』（一九八二年）
浅野健一『犯罪報道の犯罪』（学陽書房、一九八三年）
立花隆『アメリカジャーナリズム報告』（文春文庫、一九八四年）
ロバート・A・ウェブ編、村田聖明訳『ワシントン・ポスト　記者ハンドブック』（ジャパン・タイムズ、一九八七年）
日本新聞協会『改訂版取材と報道　新聞編集の基準』（日本新聞協会、一九八七年）
桂敬一『現代の新聞』（岩波新書、一九九〇年）
稲葉三千男、新井直之、桂敬一編『新聞学　第三版』（日本評論社、一九九五年）
原寿雄『ジャーナリズムの思想』（岩波新書、一九九七年）
小林弘忠『新聞報道と顔写真』（中公新書、一九九八年）

日本新聞協会『取材と報道2002』（日本新聞協会、二〇〇二年）
読売新聞社『「人権」報道――書かれる立場　書く立場』（中央公論新社、二〇〇三年）
朝日新聞社『事件の取材と報道2004』（朝日新聞社、二〇〇四年）
日本民間放送連盟『放送基準解説書2004』（日本民間放送連盟、二〇〇四年）
筑紫哲也、佐野眞一、野中章弘、徳山喜雄編『ジャーナリズムの条件（1～4）』（岩波書店、二〇〇五年）
日本新聞協会『実名と報道』（日本新聞協会編集委員会、二〇〇六年）
上杉隆『ジャーナリズム崩壊』（幻冬舎、二〇〇八年）
新聞研究別冊『新聞の公共性と事件報道』（日本新聞協会、二〇〇八年）

▽国民の司法参加関係
最高裁判所事務総局『我が国で行われた陪審裁判』（最高裁判所、一九九五年）
鯰越溢弘編『陪審制度を巡る諸問題』（現代人文社、一九九七年）
四宮啓『O・J・シンプソンはなぜ無罪になったか』（現代人文社、一九九七年）
池田修『解説　裁判員法』（弘文堂、二〇〇五年）
辻裕教『裁判員法／刑事訴訟法』（商事法務、二〇〇五年）
西野喜一『裁判員制度批判』（西神田編集室、二〇〇八年）
小田中聰樹『裁判員制度を批判する』（花伝社、二〇〇八年）
最高裁判所事務総局刑事局『模擬裁判の成果と課題』（最高裁判所、二〇〇九年）

▽憲法関係
伊藤正己『憲法　第三版』（弘文堂、一九九五年）
長谷部恭男『憲法　第3版』（新世社、二〇〇四年）

岩波講座『憲法　全六巻』（岩波書店、二〇〇七年）
佐藤幸治『現代国家と人権』（有斐閣、二〇〇八年）

▽刑事法関係

平野龍一『刑事訴訟法』（有斐閣、一九五八年）
団藤重光『刑事訴訟法綱要七訂版』（創文社、一九六七年）
日本弁護士連合会『再審』（日本評論社、一九七七年）
松尾浩也『刑事訴訟法（上補正三版）（下Ⅰ補正版）（下Ⅱ）』（弘文堂、上一九七九年、下Ⅰ一九八二年、下Ⅱ一九九〇年）
前田雅英『刑法総論講義　第二版』（東京大学出版会、一九九四年）
前田雅英『刑法各論講義　第二版』（東京大学出版会、一九九五年）
池田修、前田雅英『刑事訴訟法講義　第二版』（東京大学出版会、二〇〇六年）
白取祐司『刑事訴訟法第四版』（日本評論社、二〇〇七年）

▽司法改革関係

ジュリスト一二〇八号『特集　司法審意見書』（二〇〇一年）

土屋美明（つちや・よしあき）
1947年生まれ。東京大学法学部卒。1972年、共同通信社入社。本社社会部で司法記者会、宮内庁、外務省などを担当。社会部次長などを経て1998年以降、論説委員と編集委員を兼務。2001年から2004年まで、政府の司法制度改革推進本部に設けられた裁判員制度・刑事検討会と公的弁護制度検討会の各委員を務めた。2003年から4年間、日本弁護士連合会「市民会議」委員。現在は法務省「司法制度改革実施推進会議」参与、日弁連法務研究財団理事、中央教育審議会専門委員（法科大学院特別委員会）。
著書に『市民の司法は実現したか——司法改革の全体像』（花伝社、2005年）、『裁判員制度が始まる——その期待と懸念』（花伝社、2008年）、『裁判員制度と国民——国民的基盤は確立できるか』（花伝社、2009年）。
共著に『刑事司法への市民参加』（現代人文社）、『市民の司法をめざして』（日本評論社）など。

裁判員制度と報道 —— 公正な裁判と報道の自由

2009年5月15日　初版第1刷発行

著者 —— 土屋美明
発行者 —— 平田　勝
発行 —— 花伝社
発売 —— 共栄書房
〒101-0065　東京都千代田区西神田2-7-6 川合ビル
電話　03-3263-3813
FAX　03-3239-8272
E-mail　kadensha@muf.biglobe.ne.jp
URL　http://kadensha.net
振替　00140-6-59661
装幀 —— テラカワアキヒロ
印刷・製本 –中央精版印刷株式会社

ISBN978-4-7634-0545-6 C0032

市民の司法は実現したか
——司法改革の全体像

土屋美明 著　定価（本体 3200 円＋税）

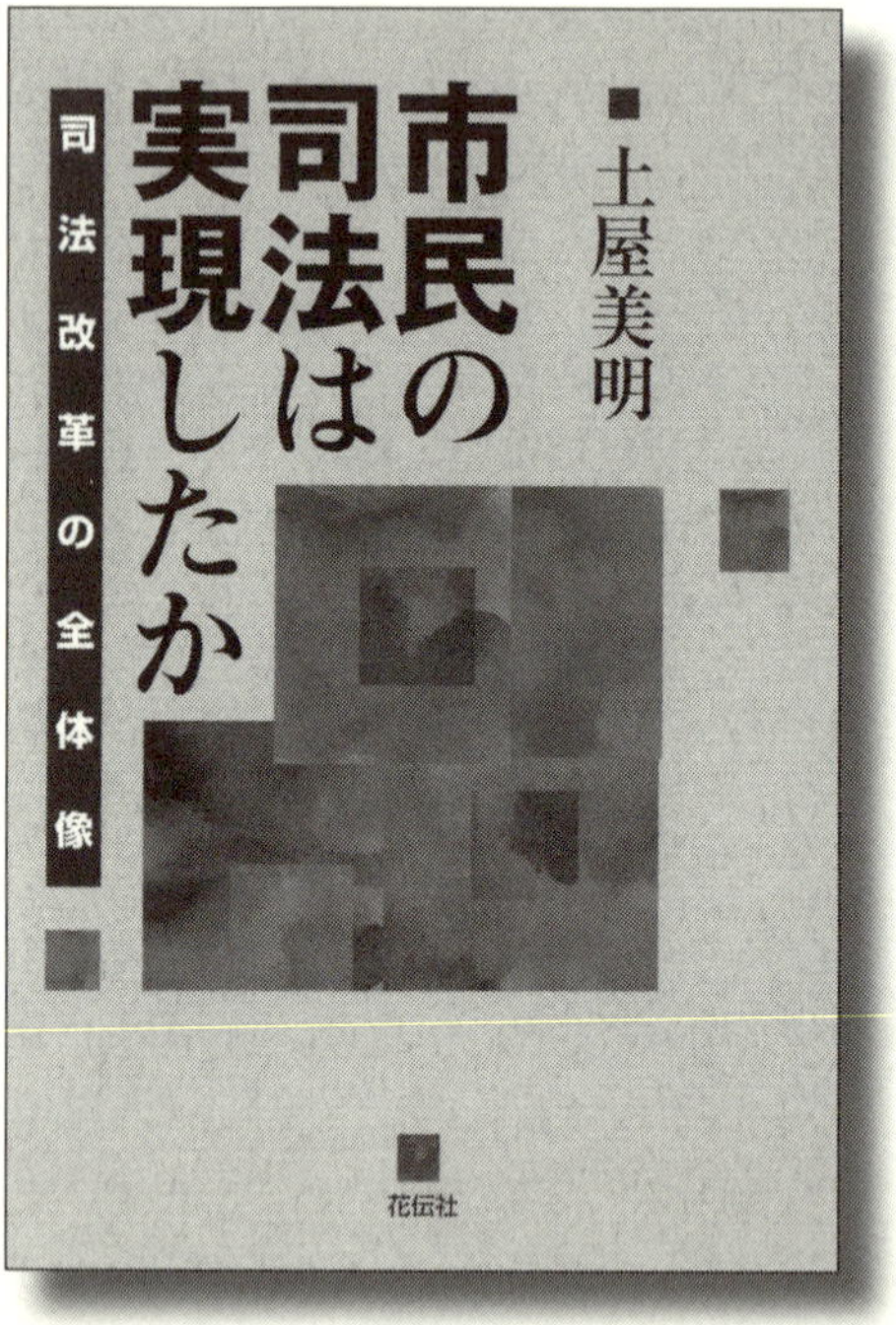

●激変する日本の司法
司法改革で何がどう変わったか？　法科大学院、裁判員制度の創設など、当初の予想をはるかに超え、司法の基盤そのものに変革を迫る大規模な改革として結実した。日本の司法はどうなっていくのか。司法改革の現場に立ち会ったジャーナリストが、司法改革の全体像に迫った労作。